# Deutschland
# Erste Informationen für Flüchtlinge

# ألمانيا
# معلومات أوليّة للاّجئين

FSC
www.fsc.org
MIX
Papier aus verantwortungsvollen Quellen
FSC® C083411





www.herder.de

Satz: SatzWeise GmbH, Trier
Herstellung: CPI books GmbH, Leck

Printed in Germany

ISBN 978-3-451-34933-1

# Deutschland

## *Erste Informationen für Flüchtlinge*

# ألمانيا

## معلومات أوليّة للاّجئين

Rocco Thiede und
Susanne Van Volxem
روكو تيدى
سوزانه فان فولكسيم

Übersetzung ins Arabische von
Ali Hamdan und Munzir Mohamed
ترجمه إلى العربية
علي حمدان و منذر محمد

HERDER
FREIBURG · BASEL · WIEN

# Inhalt

# محتوى الكتاب

Die Symbole F GB ع zeigen bei den Links an, ob es französische F, englische GB oder arabische ع Versionen der Websites gibt.

الرموز F GB ع الموجودة أمام الروابط تُبيِّن، ما إذا كانت الصفحة متوفرة أيضاً باللغات الفرنسية F أو الإنجليزية GB أو العربية ع.

# Vorwort

Willkommen in Deutschland! Das gilt den Flüchtlingen, die vor Krieg und Gewalt fliehen und nach Deutschland kommen, in ein offenherziges, aber für die meisten Neuankömmlinge auch fremdes Land mitten in der Europäischen Union. Doch wie leben die Deutschen? Welche Regeln gelten hier? An welchen Werten richten sie sich aus? Was ist ihnen wichtig? Welche Geschichte haben sie? Diese Fragen stellen sich auch viele Deutsche, sie fragen sich nicht nur, wer kommt. Sie müssen auch Antworten geben. Denn die Flüchtlinge fragen sie: Was muss ich über dieses Land wissen? Deshalb ist dieser „Leitfaden" entstanden. Er soll allen Neuankömmlingen helfen, sich zu orientieren. Zugleich soll er eine Hilfe für die sein, die diese Menschen willkommen heißen und sie in den kommenden Monaten begleiten. Er dient so beiden Seiten als Grundlage für eine erste Verständigung. Deshalb gibt es das Buch in arabischer und in deutscher Sprache. Gutes Zusammenleben braucht auch Informationen und Kenntnisse der Regeln, die für alle gelten. Es gibt geschriebene Gesetze, aber auch viele ungeschriebene Verabredungen, die zu kennen dabei helfen, schnell eine neue Heimat zu finden. Dieses Buch muss man nicht von Anfang bis Ende lesen wie eine Geschichte. Man kann sich auch die Abschnitte heraussuchen, die gerade wichtig erscheinen. Zunächst werden die wesentlichsten Fakten über Deutschland, über Land und Leute vorgestellt. Der zweite Teil beantwortet praktische Fragen des Alltagslebens. Außerdem gibt es praktische Hinweise zum Essen, Wohnen und Arbeiten. Nützliche Links zu weiteren Informationsquellen ergänzen die Texte ebenso wie 33 Tipps zum Alltagsleben und einige hilfreiche Vokabeln. Ich wünsche mir, dass dieser „Leitfaden" vor allem eine Einladung zur Begegnung wird zwischen Deutschen und Men-

# المقدمة

مرحباً في ألمانيا بكل اللاّجئين الفارّين من الحروب والعنف إلى هذا البلد المِعطاء في قلب الإتحاد الأوروبي، والذي يُعد أيضاً للعديد من القادمين الجدد بلداً غريباً. ولكن كيف يعيش الألمان؟ وما هي القواعد السائدة في مجتمعاتهم؟ وما هي تلك القِيَم، التي تراعيها هذه القواعد والقوانين؟ بماذا يهتم الألمان؟ وما هو تاريخهم؟ هذه الأسئلة يطرحها الألمان على أنفسهم أيضاً، فهم لا يسألون أنفسهم فقط، من هم هؤلاء القادمين إليهم، ولا بُدّ لهم من الإجابة عندما يسأل أحد اللاّجئين، عن الأشياء الواجب معرفتها عن بلدهم. لذلك تم إصدار هذا المُرشد، الذي يساعد القادمين الجدد في توجيه أنفسهم في الإتجاه الصحيح من جهة، ويساعد الأشخاص المرحِّبين باللاّجئين، القائمين على رعايتهم والمرافقين لهم في الأشهر القادمة من جهة أُخرى. يشكل هذا الكتاب، ولتوفّره باللغتين الألمانية والعربية، قاعدة أساسية للتفاهم لكِلا الطرفين. التعايش الجيد يحتاج إلى معرفة جميع المعلومات المتعلقة بالقواعد السائدة في المجتمع والمُطبّقة على الجميع. توجد في كل مجتمع قوانين منصوص عليها ومكتوبة، وأُخرى متعارف عليها بين الناس، وتشمل عادات المجتمع وتقاليده. معرفة كل هذه القوانين تساعد كل القادمين الجدد في وجود وطن جديد لهم. ليس من الضروري قراءة هذا الكتاب على شكل قصة من بدايته وحتى نهايته، إذ يستطيع المرء البحث وقراءة تلك الفقرات فقط، التي تبدو له مهمة. في البداية يعرض الكتاب أهم الحقائق عن الدولة الألمانية والسكان. أما الجزء الثاني فيجيب عن إستفسارات وأسئلة عملية في الحياة اليومية. كذلك يحتوي الكتاب على إرشادات عملية في مواضيع المأكل والمشرب والسكن والعمل. كما يحتوي الكتاب على روابط مفيدة على شبكة الإنترنت لتوفير المزيد من مصادر المعلومات. يشتمل الكتاب أيضاً على نصائح وإرشادات لأمور عدة في الحياة اليومية، وقاموس صغير لمجموعة من الكلمات والجمل القصيرة. أتمنى أن يُشكل هذا الكتاب نقطة إلتقاء، يلتقي فيها الألمان مع أبناء الشعوب الأخرى، الذين من الممكن أن

schen anderer Herkunft, die vielleicht in Zukunft selbst Deutsche werden. Vor allem soll es der Verständigung zwischen Menschen dienen, die einander kennenlernen.

*Dr. Hans-Gert Pöttering*
Präsident des Europäischen Parlaments a. D.
Vorsitzender der Konrad-Adenauer-Stiftung

## Vorbemerkung der Autoren

Den Autoren ist klar, dass dieses Buch nicht allumfassend über Deutschland informieren kann. Einige Punkte wurden aus Platzgründen nur angerissen, wieder andere mussten gänzlich unerwähnt bleiben. Auch können sich gesetzliche Bestimmungen rund um den Prozess von Duldung und Aufenthaltsrecht jederzeit noch ändern. Hier wird es Aufgabe einer aktualisierten zweiten Ausgabe sein, alle uns erreichenden Hinweise ergänzend zu versammeln.

Ein besonderer Dank der Autoren und des Verlages gilt Patricia Ehret und Gregor Stitzl. Ohne ihre fachliche und praktische Unterstützung hätte dieser Ratgeber nicht so schnell geschrieben werden können.

*Rocco Thiede und Susanne Van Volxem im Oktober 2015*

يشكلوا جزءاً من الشعب الألماني في المستقبل. بالأخص يهدف هذا الكتاب إلى خدمة قضايا التفاهم والتعارف بين الشعوب.

الدكتور هانس-غيرت بوتيرينغ.
رئيس البرلمان الأوروبي سابقاً
رئيس مؤسسة كونراد-أدِناور الخيرية.

## كلمة المؤلفين

يعرف المؤلفون أنَّ هذا الكتاب لا يستطيع إحتواء كل المعلومات عن ألمانيا، وما يخص اللّاجئين منها على وجه التحديد، لذلك تُعرض بعض المعلومات بشكل سريع ومختصر، نقاط أُخرى أقل أهمية لا يذكرها الكتاب، بسبب صغر حجمه، ولأنَّ بعض القوانين المتعلقة باللّجوء والإقامة مُعرَّضة في كل وقت لتغييرات. توفير جميع المعلومات والقوانين والإستفسارات، المتعلقة باللّاجئين وحياتهم في ألمانيا، في كتاب واحد، سيكون أحد أهداف طبعة مُوسّعة ومُحدّثة من هذه النسخة. لكن هذا الأمر يحتاج إلى بذل جهد كبير لجمع باقي المعلومات، والمواضيع التي تهم اللّاجئين، والإستفادة كذلك من ردة الفعل على هذا الكتاب.

شكر خاص يوجهه المؤلفون ودار النشر لكل من باتريسيا إهريت وجورج شتيتسل؛ من غير مساعدتهما الفنية والعملية، لما صدر هذا الدليل بهذه السرعة.

ريكو تيدي وسوزانه فان فولكسيم، أوكتوبر ٢٠١٥

# Deutschland verstehen

## *Allgemeines Wissen zu Land und Leuten*

### 1. Staatsform

Die Bundesrepublik Deutschland ist seit ihrer Gründung 1949 eine parlamentarische Demokratie. In dieser Staatsform übt das Volk die Herrschaftsgewalt aus, indem es ein Parlament wählt, das seine Interessen vertritt, den Bundestag. Die Abgeordneten des Bundestages wählen den Bundeskanzler, auf dessen Vorschlag die Bundesminister ernannt werden.

Bis 1989 gab es zwei deutsche Staaten – die Bundesrepublik Deutschland (BRD) im Westen und die Deutsche Demokratische Republik (DDR) im Osten. Die DDR war eine kommunistische Diktatur. Eine Mauer hat verhindert, dass die Ostdeutschen ihr Land verlassen konnten. Viele Menschen haben auf der Flucht ihr Leben verloren. Auch Berlin, das sich geografisch im Gebiet der DDR befand, war durch die Mauer in West- und Ost-Berlin geteilt. Ost-Berlin war Hauptstadt der DDR, während Bonn die westdeutsche Hauptstadt war. Eine friedliche Revolution einer großen Zahl von DDR-Bürgern hat am 9. November 1989 zum Fall der Mauer und zum Ende der Diktatur geführt. Am 3. Oktober 1990 wurde Deutschland wiedervereinigt und Berlin zur gesamtdeutschen Hauptstadt erklärt.

Das wiedervereinigte Deutschland ist ein föderaler Staat und besteht aus 16 Bundesländern – wie z. B. Nordrhein-Westfalen und Hessen im Westen oder Sachsen und Thürin-

# إفهم ألمانيا

## معلومات عامة عن الدولة والسكان

### ١. نظام الحكم

تملك جمهورية ألمانيا الإتحادية، ومنذ تأسيسها في عام ١٩٤٩م، نظاماً برلمانياً ديموقراطياً، يملك فيه الشعب وحده سلطة الحكم في البلاد، وذلك من خلال إنتخاب برلمان يُمثل مصالحه. أعضاء مجلس النواب الألماني ينتخبون مستشاراً للإتحادية الألمانية، الذي يُرشِّح بدوره أسماء أعضاء حكومته من الوزراء.

حتى عام ١٩٨٩م كان هناك دولتيْن في ألمانيا، جمهورية ألمانيا الإتحادية في الجزء الغربي والجنوبي، والجمهورية الألمانية الديمقراطية في الجزء الشرقي من ألمانيا، أي ما عُرف وقتها بألمانيا الغربية وألمانيا الشرقية. كان نظام الحكم في ألمانيا الشرقية نظاماً شيوعياً إستبدادياً. وفصل ما سميَ وقتها بجدار برلين تلك الدولتيْن عن بعضهما، الأمر الذي أدى إلى منع مواطني الجمهورية الألمانية الديمقراطية (ألمانيا الشرقية) من دخول ألمانيا الغربية. بالرغم من أنَّ مدينة برلين تقع جغرافياً في الجزء الألماني الشرقي، إلا أن هذا الجدار قسَّم المدينة نفسها إلى جزء غربي وآخر شرقي. برلين الشرقية كانت عاصمة لجمهورية الألمانية الديمقراطية، أما مدينة بون فكانت عاصمة لجمهورية ألمانيا الإتحادية. في التاسع من نوفسبر من عام ألف وتسعمئة وتسع وثمانين ميلادياً، قامت ثورة سلمية في ألمانيا الشرقية، أدت إلي إنهيار الجدار الفاصل بين الألمانيتَيْن، وتوحُدهما أخيراً في الثالث من أكتوبر من عام ألف وتسعمئة وتسعين ميلادياً.

ألمانيا الإتحادية هي دولة فدرالية مُكوَنة من ستة عشر ولاية، مثل ولاية شمال الراين – وستفاليا وولاية هِسن في الغرب، أو ولايتيّ

gen im Osten. Die Bundesländer besitzen eigene Landesparlamente und Landesregierungen, sind aber keine unabhängigen Staaten.

Der Bund besteht aus Bundespräsident, Bundestag, Bundeskanzler, Bundesregierung und Bundesrat. Der Bundeskanzler wird für vier Jahre gewählt und ist der Regierungschef. Er bestimmt die Minister und die Richtlinien der Regierungspolitik. Der Bundespräsident wird für fünf Jahre gewählt und ist deutsches Staatsoberhaupt, hat aber mit der Tagespolitik nur am Rande zu tun. Jede Partei, die bei der Bundestagswahl mehr als 5 % der Stimmen erhält, bekommt eine ihrer Stimmenzahl entsprechende Anzahl von Sitzen im Bundestag, der somit aus Regierung und Opposition besteht und das deutsche Parlament bildet. Über den Bundesrat sind die 16 Länder an der Gesetzgebung und Verwaltung des Bundes beteiligt.

In Deutschland gibt es zwei große Parteien, die Christlich Demokratische Union (CDU) mit ihrer bayerischen Schwesterpartei der Christlich-Sozialen Union (CSU) und die Sozialdemokratische Partei Deutschlands (SPD). Seit Ende 2013 bilden CDU/CSU und SPD als sogenannte Große Koalition erneut die Bundesregierung – mit Angela Merkel (CDU) als Kanzlerin und Sigmar Gabriel (SPD) als ihrem Stellvertreter an der Spitze. Zu den mittelgroßen Parteien zählen die Grünen mit dem Schwerpunkt Umweltpolitik und die Linke, die vor allem in Ostdeutschland stark ist. Daneben existieren zahlreiche kleinere Parteien, die teils progressive, teils konservative Positionen vertreten.

ساكسونيا وتورينغن في شرق البلاد. كل ولايات ألمانيا تمتلك حكومات ذاتية وبرلمانات على مستوى الولايات، ولكنها لا تعتبر دول منفصلة.

أما حكومة الإتحاد فتتكوّن من رئيس الجمهورية وبرلمان ومستشار الإتحادية وحكومة الإتحاد ومجلس إتحادي يمثل جميع الولايات. يُنتخب مستشار الإتحادية لمدة أربعة أعوام، ويكون بذلك رئيساً للحكومة، يُعيِّن الوزراء ويحدد سياسة حكومته. أما الرئيس فيُنتخب لمدة خمسة أعوام ويكون بذلك رئيساً للدولة، ولكنه لا يُؤثِّر في السياسية المتَّبعة من الحكومة، على الصعيديْن الداخليّ والخارجيّ. كل حزب سياسي يحرز أكثر من ٥٪ من نسبة الأصوات في الإنتخابات البرلمانية، يحصل على مقعد أو أكثر في البرلمان الألمانيّ، حيث تُعد تلك أدنى نسبة مُقررة لدخول البرلمان، الذي يتكون من نواب عن الحكومة وآخرون عن المعارضة. أما المجلس الإتحادي الألماني الذي يُعد بمثابة هيئة تشريعية، فتشارك الولايات الستة عشر من خلاله في تشريع القوانين وإدارة شؤون البلد.

يوجد في ألمانيا حزبان كبيران يتنافسان بإستمرار على إدارة حكومة البلد، وهما حزب الإتحاد الديمقراطي المسيحي، ويضم إليه نظيره في ولاية باڤاريا حزب الإتحاد الإجتماعي المسيحي، أما الحزب الآخر فهو الحزب الإجتماعي الديمقراطي الألماني. تشكّل هذه الأحزاب منذ نهاية العام ٢٠١٣م ما يُسمى بالإئتلاف الكبير للحكومة الإتحادية، برئاسة السيدة أنجيلا ميركل كمستشارة للإتحادية عن حزب الإتحاد المسيحي الديمقراطي، والسيد سيغمار غابرئل كنائب للمستشارة عن الحزب الديمقراطي الإجتماعي الألماني. كذلك يوجد في البرلمان الألماني أحزاب متوسطة التمثيل في البرلمان، مثل حزب الخُضْر المعروف بمواقفه السياسية للحفاظ على البيئة والحد من تلويثها، وحزب اليسار المتواجد بقوة في شرق ألمانيا. إلى جانب تلك الأحزاب يوجد أيضاً العديد من الأحزاب الصغيرة، منها من يُمثّل مواقف محافظة، وأخرى منفتحة أو ليبرالية.

## 2. Rechtssystem

In Deutschland herrscht das Prinzip der „Gewaltenteilung". D.h. der Gesetzgeber (Parlament), die Gerichte und die Regierung und öffentliche Verwaltung arbeiten unabhängig voneinander, um Machtmissbrauch zu vermeiden.

Die wichtigsten Gesetze stehen in der deutschen Verfassung, dem „Grundgesetz". Artikel 1 ist das Grundrecht, das alle Gesetze leitet: „Die Würde des Menschen ist unantastbar." Zu den Grundrechten zählt, dass Männer und Frauen vor dem Gesetz gleichberechtigt sind, dass die Freiheit des Glaubens und Gewissens für alle gilt und dass die Medien, die Künste und die Wissenschaften nicht vom Staat zensiert oder kontrolliert werden dürfen. Auch das Asylrecht ist im Grundgesetz verankert: Es legt fest, welche Flüchtlinge in Deutschland bleiben können und welche nicht.

In Deutschland unterscheidet man zwischen den beiden großen Bereichen Öffentliches Recht und Privatrecht. Das Öffentliche Recht regelt das Verhältnis von Staat und Bürger. Hierzu gehört das Strafrecht, das bei Verbrechen zum Tragen kommt. Das Zivilrecht als Teil des Privatrechts wird bei Konflikten zwischen Bürgern angewendet, z.B. bei Verkäufen, Ehescheidungen oder Erbschaften. Das Arbeitsrecht ist für den Berufsalltag von Bedeutung und regelt z.B. die Kündigung.

Über die Anwendung der Gesetze bestimmen die zuständigen Gerichte. Die Richter sind im Sinne der Gewaltenteilung prinzipiell unabhängig von politischer bzw. staatlicher Beeinflussung. Kleinere Straftaten oder Streitigkeiten unter Bürgern, bei denen es um wenig Geld geht, werden beim Amtsgericht verhandelt, größere Fälle beim Landgericht. Das Oberlandesgericht wird eingeschaltet, wenn jemand gegen ein Urteil Berufung einlegt. Oder bei schweren Straftaten, die z.B. die Sicherheit der Bundesrepublik Deutschland

## ٢. النظام القانوني

يسود في هذا البلد مبدأ تقسيم السلطات؛ بمعنى أنَّ المُشرِّع (البرلمان) والمحاكم والحكومة، وكذلك الدوائر الرسمية يعملون مع بعضهم البعض بشكل مستقل، الأمر الذي يمنع سوء إستخدام السلطات.

يحتوي الدستور الألماني على أهم القوانين. المادة الأولى من هذا الدستور تنصّ على الحق الأساسي، الذي يُعتبر مصدراً رئيسياً لباقي القوانين: »كرامة الإنسان مُصانة«. كذلك من الحقوق الأساسية المكفولة في الدستور، حق المساواة بين الرجل والمرأة أمام القانون في الحقوق والواجبات، وأنَّ حرّية الأديان والمعتقدات مكفولة للجميع، وأنّ الإعلام والفنون والعلم لا تخضع للنقد أو الرقابة من قِبَل الدولة. حتى الحق في اللّجوء راسخ ومكفول في الدستور الألماني، إذ يُوضّح هذا القانون، من هم اللّاجئون الذين يُسمح لهم بالبقاء في ألمانيا، ومن هم اللّاجئون الذين تُرفض طلباتهم.

يتم التفريق في ألمانيا بين القانونِ العام والقانون الخاص. القانون العام، الذي يشمل قانون العقوبات المُطبّق على مُرتكبي الجنايات، يُنظِم علاقة الدولة بالمواطنين. أما القانون المدني، الذي هو جزء من القانون الخاص، يُطبّق عند نشوب النزاعات بين المواطنين أنفسهم، في حالات مثل البيع والشراء، أو في مواضيع الميراث والطلاق. أما قانون العمل الذي هو جزء من القانون الخاص أيضاً، فيختصّ في أمور العمل والعمال، ويدخل حيّز التنفيذ في حالات مثل الإقالة والإستقالة.

تَبتّ المحاكم المُختصّة في ألمانيا في تطبيق كل تلك القوانين، عن طريق القضاة، الذين يعيَّنون بشكل مستقل، ولا تستطيع أية جهة، حكومية كانت أو سياسية، التأثير في قراراتهم، عملاً بمبدأ تقسيم السلطات، المُطبّق في هذا البلد بشكل كامل. الجنايات الصغيرة أو النزاعات بين المواطنين، التي تتعلق بمبالغ مالية صغيرة، تنظر محاكم البداية في أمرها، أما القضايا الكبيرة والأكثر تعقيداً، فتلك من إختصاص محاكم الولاية. أمور الإستئناف والجنايات الكبيرة، كتهديد الأمن القومي أو تهديد التعايش السلمي بين المواطنين على سبيل المثال، هذه كلها قضايا

oder das friedliche Zusammenleben der Völker gefährden. Daneben gibt es spezielle Gerichte wie das Arbeitsgericht, das Sozialgericht oder das Verwaltungsgericht.

Den Vorsitz im Gericht hat ein unparteiischer Richter, der den Fall prüft, die passenden Gesetze anwendet und ein Urteil spricht. Rechtsanwälte hingegen ergreifen immer Partei für ihren Mandanten. Bei Strafsachen ist auch ein Staatsanwalt tätig, der die Interessen des Staates vertritt und Anklage erhebt. Zeugen müssen vor Gericht immer die Wahrheit sagen, Angeklagte dürfen zu Tatvorwürfen auch schweigen. In Deutschland gilt der Grundsatz: „*In dubio pro reo* – Im Zweifel für den Angeklagten".

## 3. Land

Deutschland befindet sich im Herzen Europas. Wir haben insgesamt neun Nachbarstaaten, darunter Österreich und die Schweiz, wo ebenfalls Deutsch gesprochen wird. Deutschland ist seit ihrer Gründung Mitglied der Europäischen Union (EU), der mittlerweile 28 Staaten angehören.

Das Land hat eine Grundfläche von 357.340 km² und eine Grenzlänge von 3.621 km. Berlin ist die Hauptstadt und mit ca. 3.500.000 Einwohnern zugleich die größte Stadt Deutschlands. Weitere Millionenstädte sind Hamburg, München und Köln.

Im Norden des Landes befinden sich die Nord- und die Ostsee, im Süden die Alpen, deren höchster Berg auf deutscher Seite mit 2962 m die Zugspitze ist. Zu den höchsten Mittelgebirgen in Deutschland, die sich vor allem im Süden und Osten befinden, zählen der Schwarzwald, der Bayerische

تنظر في أمورها محكمة الولاية العليا. كما يوجد في ألمانيا المحاكم المختصّة، كمحاكم العمل المتخصّصة في قضايا العمل والعمال، أو المحاكم الإجتماعية ومحاكم القضاء الإداري.

رئاسة المحكمة تتكون من قاض غير متحيّز، يدرس القضية، ويطبق القوانين المناسبة، وينطق بالحكم بعد فحص دقيق وشامل. بعكس المحامي، الذي يأخذ بالعادة مواقف منحازة لصالح موكِليه، ويدافع عنهم. في القضايا الجنائية ينشط المدعي العام للدفاع عن مصالح الدولة وحقّها. على الشهود في قاعة المحكمة قول الحقيقة فقط، وغير ذلك يُعد إرتكاباً لجناية، ويترتب عليه عقوبة في القانون. ويملك المتهم بجنايةٍ ما، حق الإمتناع عن الكلام أو التصريح في التهم الموجة إليه. يسود في محاكم ألمانيا أيضاً مبدأ تفسير الشك لصالح المُتهم، ويعني ذلك، أنّه إذا حدث شك لدى القاضي في صحة الأدلة، التي تنسب التهمة إلى المتهم، فالأصل أنه بريء، ويفسَّر هذا الشك لصالحه، ويُنطق ببراءته.

## ٣. الدولة والموقع الجغرافي

تقع ألمانيا في قلب القارة الأوروبية، ويحُدُها تسع دول من الجهات الأربعة، من بينها النمسا وسويسرا، التي يتكلم بعض شعوبها اللغة الألمانية، وخاصة في المناطق المُحاذية للحدود. ألمانيا ومنذ تأسيسها هي أحد أعضاء الإتحاد الأوروبي (EU) ، الذي يضم حالياً ٢٨ دولة.

تبلغ مساحة ألمانيا الإجمالية حوالي ٣٥٧,٣٤٠ كيلومتراً سربعاً، كما ويبلغ طول الحدود حوالي ٣,٦٢١ كيلومتراً. مدينة برلين الواقعة في شرق البلاد هي عاصمة جمهورية ألمانيا الإتحادية، ويبلغ عدد سكانها حوالي ٣,٥ مليون نسمة، وبذلك هي أكثر المدن الألمانية سكاناً. يوجد كذلك في ألمانيا مدن أُخرى يسكنها الملايين من الناس، مثل هامبورغ وميونخ وكولونيا.

يقع في شمال ألمانيا بحر البلطيق وبحر الشمال، أما في جنوبها فيوجد جُزء من سلسلة جبال الألب، ويُقدر إرتفاع أعلى قمة جبل، موجود في ذلك الجزء، بحوالي ٢,٩٦٢ متراً. تتوزع في شرق وجنوب وشمال ألمانيا عدة سلاسل جبال متوسطة الإرتفاع، وتعد الغابات السوداء

Wald, das Erzgebirge, der Harz, das Fichtelgebirge und die Schwäbische Alb.

Deutschland ist eines der waldreichsten Länder Westeuropas. Knapp ein Drittel der Gesamtfläche ist mit Wald bedeckt. Die größte Waldfläche hat Bayern. Nadelbäume wie Fichten und Kiefern überwiegen vor Laubbäumen wie Buchen und Eichen.

Die Bodenbeschaffenheit ist insgesamt sehr unterschiedlich, was mit der Verteilung von Bergen, Wäldern und Flüssen zusammenhängt. Im Osten und Norden Deutschlands besteht der Boden eher aus Sand und Lehm, daher befinden sich dort auch die größten landwirtschaftlich genutzten Flächen. Am meisten wird Getreide angebaut, vor allem Weizen.

Die wichtigsten deutschen Flüsse, die u.a. zur Berufsschifffahrt genutzt werden, heißen Rhein, Weser, Elbe, Donau und Main. Daneben gibt es verbindende Kanäle wie den Mittellandkanal.

Der größte deutsche See ist der Bodensee. Er liegt im Süden des Landes und ragt mit seinen über 500 km$^2$ auch in die Schweiz und nach Österreich hinein. Viele weitere Seen findet man in Nord- und Ostdeutschland sowie in Bayern.

Es gibt in Deutschland Meeres- und Binneninseln. Die drei größten Meeresinseln – Rügen, Usedom und Fehmarn – befinden sich in der Ostsee. Zwei bekannte Nordseeinseln sind Sylt, die viertgrößte deutsche Meeresinsel, und das winzige Helgoland, wo 1841 der Text zur Deutschen Nationalhymne verfasst wurde. Ebenfalls bekannt sind die drei Inseln

في الجنوب الغربي، وسلسلة جبال شفابن جورا في الجنوب، والغابات الباڤارية، وكل من سلسلة جبال إرتس وفيشتل في الجزء الشرقي من ألمانيا، وسلسلة جبال الهارتس في شمال ألمانيا، من أعلى وأشهر تلك السلاسل.

تُعد ألمانيا من أكثر الدول إمتلاكاً للغابات في غرب أوروبا، حيث تغطي الغابات ثلث مساحة ألمانيا تقريباً، ويقع أكثرها في ولاية بايرن في الجنوب الشرقي من ألمانيا. تسود الصنوبريات، مثل شجر التنوب وشجر الصنوبر، تلك الغابات، كما وتسودها أيضاً الأشجار متساقطة الأوراق، كشجر البلوط والزان.

تملك ألمانيا بناء على توزيع الجبال والغابات والأنهار، طبيعة أرضية متنوعة، حيث يتميز الجزء الشرقي والشمالي من ألمانيا بأرضية ترابية خصبة، ولذلك يوجد في ذلك الجزء أكبر المساحات الزراعية في هذا البلد، حيث تشتهر تلك المناطق بزراعة الحبوب، وبالأخص القمح.

تُستخدم أهم الأنهار في ألمانيا في الكثير من المجالات، ومنها المجالات الإقتصادية وخدمة النقل. ومن أشهر تلك الأنهار نهر الراين، ونهر الڤيسر، ونهر الدوناو، وكذلك نهر الإلب، ونهر الماين المعروف. إضافة إلى ذلك توجد في ألمانيا قنوات مائية تربط الأنهار ببعضها، مثل القناة الوسطى.

أما أشهر البحيرات في ألمانيا وأكبرها، فهي بحيرة الكونستانس (بودن زيه) في أقصى جنوب البلاد، التي تمتد إلى داخل النمسا وسويسرا أيضاً، حيث تبلغ مساحة هذه البحيرة أكثر من ٥٠٠ كيلومتراً مربعاً. العديد من البحيرات توجد في شمال وشرق ألمانيا، وفي ولاية باڤاريا أيضاً.

كذلك يوجد في هذا البلد الغني بالماء، العديد من الجزر البحرية، وأخرى داخلية متواجدة في البحيرات والأنهار المنتشرة في أغلب الولايات الألمانية. تُعد جزيرة روجن، وجزيرة بوزيدوم، وجزيرة فيهمارن في بحر البلطيق من أكبر الجزر في ألمانيا. أما في بحر الشمال فتعد جزيرة سيلت رابع أكبر الجزر الألمانية، وكذلك جزيرة هيلچولاند

im Bodensee; die größte – Reichenau – gehört mit ihrem Kloster zum UNESCO-Welterbe.

Das Klima in Deutschland ist ein gemäßigtes. Die kältesten Monate sind Januar und Februar mit Temperaturen um die 0 °C. Oft schneit es in diesen Monaten auch im Flachland. Die wärmsten Monate sind Juli und August mit Durchschnittstemperaturen um die 20 °C. An manchen Sommertagen kann es aber auch richtig heiß werden, und das Thermometer klettert auf 30 bis 35 °C.

## 4. Bevölkerung

Deutschland ist eines der am dichtesten besiedelten Länder Europas. Derzeit leben hier über 80 Millionen Menschen, etwas mehr Frauen als Männer. Die meisten Deutschen gibt es in der Altersgruppe zwischen 40 und 59 Jahren. Seit den 1970er-Jahren, als die Antibabypille sich verbreitete, sinkt die Geburtenrate kontinuierlich. Heranwachsende zwischen 15 und 24 Jahren sind heute neben den ganz jungen und den ganz alten Deutschen die kleinste Bevölkerungsgruppe. So wird das Durchschnittsalter der Deutschen in den nächsten Jahrzehnten kontinuierlich steigen, was vielfältige Auswirkungen auf Renten- und Sozialsysteme haben wird.

Die meisten Deutschen leben in den großen Städten und Ballungszentren. So etwa im Ruhrgebiet zwischen Duisburg und Dortmund, im Rhein-Main-Gebiet bei Frankfurt, in Hamburg, Stuttgart, München oder Berlin. In den ländlichen Gebieten leben die wenigsten Einwohner, vor allem im Nordosten Deutschlands. Diese Tendenz dürfte sich wegen

الصغيرة، التي كُتب فيها النشيد الوطني الألماني في عام ١٨٤١م، من الجزر المعروفة في ألمانيا. أما في بحيرة الكونستانس في جنوب ألمانيا فتوجد ثلاث جزر، منها جزيرة رايشيناو التي تعد إحدى مواقع التراث العالمي حسب منظمة الأمم المتحدة للتربية والعلم والثقافة (اليونسكو).

أما المناخ في ألمانيا فهو مناخ معتدل، حيث يُعد شهريّ يناير وفبراير أبرد شهرين في السنة، إذ تهبط درجة حرارة الجو إلى ما دون الصفر، وغالباً ما تتساقط الثلوج في هذين الشهريْن حتى في المناطق السهلية. أما شهريّ تمّوز وأغسطس فهما من أكثر الأشهر دفئاً في السنة، حيث تصل معدلات درجة الحرارة إلى ما يقارب ٢٠ درجة مئوية. في السنوات الأخيرة أصبحت فصول الصيف أشد حرارة، إذ وصلت معدلات درجات الحرارة إلى ٣٠ و ٣٥ درجة مئوية.

## ٤. السكان

تُعد ألمانيا من أكثر الدول الأوروبية كثافة في السكان، حيث يعيش في هذا البلد أكثر من ثمانين مليون نسمة. أغلب المواطنين الألمان تتروا ح أعمارهم ما بين ٤٠ و ٥٩ عاماً، ويُقدَّر عدد النساء بأكثر من عدد الرجال. منذ سبعينيَات القرن الماضي، ومع إنتشار حبوب منع الحمل بين النساء، أخذت نسبة المواليد بالهبوط، وهي مستمرة بالهبوط إلى يومنا هذا، حيث تُقدَّر نسبة الجيل الناشيء، في عمر ما بين ١٥ و ٢٤ عاماً، بالأصغر من حيث العدد. هذا سيؤدي إلى إستمرار إرتفاع معدل أعمار الألمان في السنوات العشر القادمة، الأمر الذي سيكون له تداعيات متعددة على النظام الإجتماعيّ، وعلى نظام التقاعد المدنيّ.

يعيش أغلب الألمان في المدن الكبيرة، وفي المناطق الحضرية، مثل منطقة حوض الرور في غرب ألمانيا، الممتد ما بين مدينة دويسبرغ ومدينة دورتمند، أو التجمع الحضري بين نهريّ الراين والماين، عند مدينة فرانكفورت في قلب ألمانيا. كذلك الأمر بالنسبة للعاصمة برلين، وكل من هامبورغ وشتوتغارت ومدينة ميونخ. أما في المناطق الريفية فتشير الإحصاءات إلى معدلات كثافة سكانية منخفضة، بالأخص في

der besseren Arbeitsmöglichkeiten im Westen und in den Großstädten in den nächsten Jahren noch verstärken.

In Deutschland wird nicht nur Deutsch gesprochen. Einige regionale Minderheiten sprechen daneben auch Dänisch und Friesisch (Schleswig-Holstein) oder Sorbisch (Brandenburg, Sachsen). Außerdem gibt es zahlreiche, teils schwer verständliche Dialekte wie Bayerisch, Schwäbisch, Pfälzisch, Plattdeutsch, Sächsisch oder Hessisch. Nicht zu vergessen: die Sprachen der Einwanderer.

In Deutschland leben Migranten aus fast allen Ländern der Welt. Die größte Gruppe mit knapp 3 Millionen sind Türkischstämmige, das entspricht 4% der Gesamtbevölkerung. Die erste Generation Türken kam Anfang der 1960er-Jahre als Gastarbeiter nach Deutschland. In dieser Zeit kamen auch viele Italiener, Griechen, Spanier und Jugoslawen. In den 1980er- und 1990er-Jahren folgten die Spätaussiedler aus Polen und der ehemaligen Sowjetunion, mit der zweiten EU-Osterweiterung 2007 auch zahlreiche Rumänen und Bulgaren.

Parallel dazu kamen all die Jahre Asylbewerber unterschiedlicher Nationen nach Deutschland. Seit 2014 hat sich die Anzahl extrem vervielfacht. Während in den Jahren 2005 bis 2010 durchschnittlich 35.000 Erstanträge gestellt wurden, waren es zwischen Januar und August 2015 mehr als siebenmal so viel, nämlich 256.938 Anträge. Die Zahl steigt weiter.

الإقليم الشمالي الشرقي من البلاد. هذا الميول للسكن في المناطق الحضرية، بسبب توفر فرص العمل الجيدة في المدن الكبيرة، والواقعة بالجزء الغربيّ بالتحديد، مؤهل للإرتفاع في السنوات القادمة.

إلى جانب اللغة الألمانية يتحدث السكان في ألمانيا لغات متعددة أُخرى. بعض الأقليات المحلية في ولاية شليسفيش هولشتاين تتحدث اللغة الفريزية واللغة الدينماركية إلى جانب اللغة الألمانية. كما وتتحدث بعض الأقليات المحلية في ولايتيّ براندنبورغ وساكسونيا اللغة الصوربية، بالإضافة إلى الألمانية. كذلك توجد في ألمانيا الكثير من اللهجات، بعضها يصعب فهمه، خصوصاً على الأجانب، مثل اللهجة الباڤارية واللهجة الشڤابية واللهجات البفالزية والبلات دويتش والسكسونية والهيسية في ولاية هيسن. أما الجاليات الأجنبية المتعددة الجنسيات فتتحدث لغاتها الأم، إلى جانب اللغة الألمانية.

يعيش في ألمانيا الكثير من المهاجرين من كل بلدان العالم تقريباً. أكبر جالية أجنبية في هذا البلد يُمثّلها الأتراك، حيث يُقدّر عددهم بحوالي ثلاثة ملايين مهاجراً، أي ما يعادل ٤٪ من مجموع سكان ألمانيا. أتى الجيل التركي الأول، في بداية الستينيَات من القرن الماضي، كعمّال وافدين. وأتى في هذا الوقت أيضاً أعداد كبيرة من إيطاليا واليونان وإسبانيا ويوغسلافيا للعمل في ألمانيا. في الثمانينيات وبداية التسعينيات من القرن الماضي عادت إلى ألمانيا الجاليات التي كانت تعيش في بولندا والإتحاد السوفييتي سابقاً. مع التوسيع الثاني للإتحاد الأوروبي بإتجاه أوروبا الشرقية في عام ٢٠٠٧م، أتت أعداد كبيرة من رومانيا وبلغاريا للعمل في ألمانيا.

كذلك ونتيجة للحروب المتتالية في مختلف مناطق العالم في العقود الثلاثة الماضية، أتت أعداد كبيرة من طالبي اللّجوء إلى ألمانيا. منذ عام ٢٠١٤م تضاعف أعداد طالبي اللّجوء في ألمانيا بشكل كبير جداً؛ في حين كان معدل طلبات اللّجوء في السنوات ما بين ٢٠٠٥ و٢٠١٠ حوالي ٣٥ ألف طلب سنوياً، تضاعف هذا الرقم سبع مرات في الفترة ما بين يناير ٢٠١٥ وحتى أغسطس من نفس العام، حيث وصل عدد طلبات اللّجوء المُقدّمة إلى ٢٥٦٩٣٨ طلب. إلى جانب اللاّجئين السوريين (٣٠،٢٪ في

Neben Syrern suchen zurzeit vor allem Albaner, Afghanen, Eritreer und Iraker Asyl in Deutschland.

## 5. Religion

Deutschland ist seit über tausend Jahren vom Christentum geprägt. Im Zuge der Reformation und des Dreißigjährigen Krieges spaltete sich das westliche Christentum in verschiedene Konfessionen. Im Zusammenhang mit der Revolution von 1848/1849 wurde fast überall auf deutschem Gebiet die allgemeine Religionsfreiheit eingeführt. Staat und Kirche sind voneinander unabhängig. Heute sind zwei Drittel der deutschen Bevölkerung Christen, davon etwa gleich viele Katholiken wie Protestanten. Die drittgrößte christliche Konfession stellen mit 1,5 Millionen Gläubigen die Orthodoxen Kirchen dar.

Die meisten Katholiken leben im Süden Deutschlands. Die Protestanten sind überwiegend in der Mitte und im Norden Deutschlands zu finden. In den meisten Regionen leben ungefähr so viele Katholiken wie Protestanten.

Dass in Ostdeutschland heute die meisten Konfessionslosen leben, hat historisch-politische Gründe: In der ehemaligen DDR wurden die Kirchen von den kommunistischen Machthabern massiv unter Druck gesetzt, mit dem Ergebnis, dass die Anzahl der aktiven Christen kontinuierlich abnahm: 1945 waren 90 % der Ostdeutschen Kirchenmitglieder, 1989 noch etwa 25 %. Viele der verbleibenden Christen engagierten sich umso stärker in der Kirche, wo sie auch eine neue politische Heimat fanden. Die Friedliche Revolution, die zum Fall der Mauer führte, ging nicht zuletzt

شهر أغسطس من عام ٢٠١٥) يبحث ألبانيون وأفغان وعراقيون حالياً عن مأوى لهم في ألمانيا.

## ٥. الديانة

منذ ألافِ السنين والديانة المسيحية جزء لا يتجزء من الثقافة الدينية في جمهورية ألمانيا الإتحادية، حيث تُعد أكبر الديانات في ألمانيا. في إطار الإصلاحات الدينية في العصر السادس عشر، ونتيجة لحرب الثلاثين عاماً، إنقسمت الديانة المسيحية في الغرب إلى طوائف متعددة. بعد إندلاع الثورة الألمانية (ثورة مارس)، والتي كانت جزءاً من ثورات ١٨٤٨م/١٨٤٩م، في العديد من البلدان الأوربية، أُدرج مفهوم حرية الأديان في أغلب الإقاليم الألمانية. حيث أصبحت الدولة والدين منفصليْن تماماً عن بعضهم البعض، وهو ما يُعرف بالعلامانية في المجتمعات العربية. اليوم يعتنق حوالي ثلثي الألمان الديانة المسيحية، وتُعد الطائفتيْن الكاثوليكية والبروتستانية، إلى جانب الطائفة الأرثودوكسية، التي ينتمي إليها حوالي مليون ونصف المليون مسيحي، من أكبر الطوائف المسيحية في ألمانيا.

أغلب الكاثوليكيين يعيشون في جنوبيّ ألمانيا، خاصة سكان ولاية بافاريا. البروتستانتيّون يتواجدون بأغلبية عظمى في وسط وشمال البلاد. في ولاية بادن فورتمبرغ تتوزع الطوائف بشكل متكافىء نسبياً.

في شرق ألمانيا يجد المرء، أنّ الأغلبية العظمى، التي تقطن المنطقة، هم من اللادينيون، وذلك يعود لإسباب تاريخية وسياسية؛ ففي ألمانيا الشرقيّة كانت الكنائس واقعة بشكلٍ كبير تحت وطأة حكم القادة السياسيين، مما أدى إلى إنخفاض أعداد الأعضاء الناشطين فيها بشكلٍ مستمر. في العام ١٩٤٥م كان ٩٠٪ من الألمان الشرقيين مُنتمين للكنيسة، هذه النسبة إنخفضت إلى حوالي ٢٥٪ فقط في عام ١٩٨٩م. أغلبية أعضاء الكنيسة الذين بقوا ملتحقين بها قاموا بالمشاركة بشكل فعال في الكنيسة، حيث وجدوا فيها موطناً سياسياً جديداً. وجديراً بالذكر أنَّ الثورة السلمية التي أدت إلى سقوط جدار برلين الذي فصل ألمانيا الشرقيّة عن

von der christlich motivierten Friedensbewegung der DDR aus.

Die größte Gruppe unter den Nichtchristen in Deutschland sind mit 5–6% Gesamtanteil an der Bevölkerung die Muslime. Gut 3 Millionen von ihnen sind Sunniten. Bei den hauptsächlich aus dem Iran stammenden Schiiten wird eine Anzahl von rund 300.000 geschätzt. Die Gemeinde der Aleviten in Deutschland zählt etwa 700.000 Mitglieder. Auch Yeziden, Malikiten, Chaldäer und Bahai leben in Deutschland.

Rund 100.000 Menschen in Deutschland gehören einer jüdischen Gemeinde an, das sind etwa 0,24% der Bevölkerung. Weitere etwa 90.000 Juden, oftmals aus Osteuropa, leben ohne Gemeindezugehörigkeit hier. Die größten jüdischen Gemeinden befinden sich in Berlin, Frankfurt am Main und München. Vor 1933 bzw. der Shoah lebten hier mehr als eine halbe Millionen Juden.

Der Anteil der Buddhisten in Deutschland macht etwa 0,3% aus und der der Hindus 0,12%. Freikirchen und sonstige christliche Kirchen kommen auf etwa 0,44%.

## 6. Wirtschaft

Deutschlands Wirtschaftsordnung ist die Soziale Marktwirtschaft, d.h., das Prinzip der Freiheit auf dem Markt wird mit dem des sozialen Ausgleichs verbunden.

Deutschland gehört zu den führenden Wirtschaftsnationen der Welt. In vielen wichtigen Industriezweigen, so in der Auto-, der Elektro- oder der Chemieindustrie, sind deutsche Unternehmen mit ihren Produkten auf der ganzen Erde bekannt. Nach den USA ist Deutschland global führend bei den

الغربيّة، كانت نتيجة لحركة السلام التي قام بها مسيحيو الكنيسة الناشطون.

الأغلبية العظمى من غير المسيحيين في ألمانيا يشكّلها المسلمون، وذلك بنسبة ٥–٦٪ من المجموع الكلي للسكان. ثلاثة ملايين منهم على الأقل ينتمون إلى الطائفة السنية. تُقدّر الطائفة الشيعية في ألمانيا، والتي يأتي معظم أبنائها من إيران، بحوالي ٣٠٠ ألف شخص، أما الجالية العلويّة فتُقدّر بحوالي ٧٠٠ ألف شخص. كما توجد أقليات من الطوائف اليزيدية والمالكية والكلدية والبهائية.

حوالي ١٠٠ ألف من سكان ألمانيا ينتمون إلى الجالية اليهودية، وهذا يشكل ما نسبته ٠,٢٤٪ من المجموع الكلي للسكان في ألمانيا. ومن ناحية أخرى يوجد حوالى٩٠ ألف من اليهود لا ينتمون إلى أية جالية، أغلبيتهم من شرق أوروبا. أكبر الجاليات اليهودية تتواجد في برلين وفرانكفورت وميونخ. قبل عام ١٩٣٣م، وقبل وقوع محرقة الهولوكوست، كان يعيش أكثر من نصف مليون يهودي في ألمانيا.

نسبة البوذيين في ألمانيا تبلغ حوالي ٠,٣٪، أما الهندوس فتبلغ نسبتهم حوالي ٠,١٢٪. أتباع الكنيسة الحرة، وكنائس مسيحية أُخرى يصل عددهم إلى ما نسبته ٠,٤٤٪.

## ٦. الإقتصاد

نظام ألمانيا الإقتصاديّ هو نظام إقتصاد السوق الجماعي، أي أنَّه نظام إقتصاديّ رأسمالي يتبنى إقتصاد السوق الحُر، لكنه يرفض الرأسماليّة المطلقة، كما يرفض أيضاً الإشتراكية الثورية. مبدأ إحترام حريّة السوق مبني على تحقيق التوازن الإجتماعي، من خلال خلق فرص عمل، وتوفير الخدمات الإجتماعيّة.

ألمانيا تُعد واحدة من البلدان الرائدة في مجال الإقتصاد. في عدد كبير من الصناعات الأساسية، كصناعة السيارات والإلكترونيات والصناعات الكيميائية، تُعد الشركات الألمانية من الشركات المعروفة عالمياً لجودة مُنتجاتها العالية. بعد الولايات المتحدة الأمريكية تُعد ألمانيا رائداً عالمياً

Exporten. Deutsche Autos wie BMW, Mercedes, VW oder Audi rollen auf allen Kontinenten. Siemens oder BASF sind Unternehmen von Weltrang.

Ein wichtiger Grund für diese Wirtschaftskraft sind gut ausgebildete und hocheffiziente Arbeitskräfte. Tugenden wie Qualitätsbewusstsein („Made in Germany"), Fleiß, Loyalität, Vertrags- und Termintreue sind überall geschätzt. Auch die gute Infrastruktur trägt zur deutschen Wirtschaftskraft bei.

Arbeitnehmern steht in Deutschland ein Mindestlohn von € 8,50 pro Stunde zu. Die meisten Menschen arbeiten im Dienstleistungssektor, d. h. im Gesundheits- und Sozialwesen, im Tourismus oder der Wohnungswirtschaft. In der Land- und Forstwirtschaft sind nur etwa 2 % der Bevölkerung beschäftigt. Ausländer aus Nicht-EU-Staaten dürfen in Deutschland nur mit Aufenthaltsgenehmigung arbeiten. Schwarzarbeit ist verboten und steht unter Strafe. Der Zoll kontrolliert regelmäßig Firmen und sucht nach illegal Beschäftigten.

Zwar verfügt Deutschland mit Braun- und Steinkohle über eigene Rohstoffvorkommen, doch um den Energiebedarf der Unternehmen und Haushalte zu stillen, sind Erdgas- und Ölimporte notwendig. Auch bestimmte Metalle sowie Nahrungs- und Futtermittel werden importiert.

Trotz dieser guten wirtschaftlichen Entwicklung gibt es über 2,8 Millionen Arbeitslose. Finanziell geht es den Menschen nicht in allen Regionen gleich gut. Der Süden und Südwesten sind wohlhabender als der Norden. Der Osten ist auch infolge der deutschen Teilung bis 1989 wirtschaftlich schwächer als der Westen.

في مجال التصدير. السيارات الألمانية الصنع، مثل بي أم دبليو، ومرسيدس بنز، وفولكس فاجن، وأودي، منتشرة في جميع قارات الكرة الأرضية. كما تحتل شركات ألمانية كبيرة، مثل سيمنز أو باسف، مكانة عالية في جميع الأسواق العالمية.

من الأسباب المهمة التي تكمن وراء هذه القوة الإقتصادية العظمى، هي الأيدي العاملة المدربة تدريباً جيداً. معايير، مثل ضمان الجودة النوعية، والجد والإجتهاد، والإخلاص والصدق في المعاملات والمواعيد، كلها معايير مهمة ومطلوبة في جميع المعاملات. مما يجدر ذكره في هذا الصدد أيضاً هو أنَّ البنية التحتيّة الجيدة تلعب دوراً كبيراً في قوة الإقتصاد الألماني.

في ألمانيا يحق قانونياً لكل عامل حداً أدنى من الأجر يعادل ٨,٥ يورو لكل ساعة عمل. أغلب الناس يعملون في قطاع الخدمات، الذي يضم القطاع الصحّي والقطاع الإجتماعي وقطاع السياحة وقطاع الوحدات السكنية. في قطاع الزراعة وقطاع مصلحة الغابات يعمل حوالي ٢٪ من الشعب فقط. الأجانب القادمون من خارج دول الإتحاد الأوروبي يسمح لهم بالعمل في ألمانيا، ولكن بشرط أن يكون لديهم تصريح بالإقامة والعمل. العمل بدون تصريح ممنوع منعاً باتاً، والقيام به يؤدي إلى العقوبة والمُساءلة القانونية. في هذا الصدد تقوم مصلحة الجمارك بحملات تفتيشيّة في المؤسسات والشركات وبصفة دوريّة بحثاً عن العمالة غير الشرعية.

من الصحيح أن ألمانيا تمتلك العديد من الثروات الطبيعية، مثل الفحم الحجري وغيره لإنتاج الطاقة، إلّا أنَّ هذا غير كاف لتغطية إحتياجات الشركات والمنازل، لذلك فإنَّ إستيراد الغاز الطبيعي والنفط الخام هام جداً لتغطية هذا النقص. كما تستورد ألمانيا معادناً معينة لسد الحاجة الصناعية، وبالإضافة لمواد غذائيّة لتلبية حاجات المستهلكين.

الأوضاع المالية للناس تتفاوت من منطقة إلى أُخرى في ألمانيا. فعلى سبيل المثال تُعتبر مناطق الجنوب ثرية جداً مقارنة بالمناطق الشماليّة. أما بالنسبة لإقتصاد المناطق الشرقيّة فهو ضعيف مقارنة بالمناطق الغربيّة، وذلك يعود إلى فترة الإنقسام التي كانت تعيشها ألمانيا حتى عام ١٩٨٩م.

Deutschland hat ein kompliziertes Steuersystem. Jeder, der arbeitet, zahlt abhängig von der Höhe seines Einkommens einen bestimmten Steuersatz. In den ausgewiesenen Preisen von Produkten oder Dienstleistungen ist eine Mehrwertsteuer von 7 oder 19 % enthalten.

Die Währung ist der Euro (€), den es in Geldnoten im Wert von 5, 10, 20, 50, 100, 200 und 500 Euro gibt. Münzen sind in 1- und 2-Eurostücken sowie als 1-, 2-, 5-, 10-, 20- und 50-Centstücke im Umlauf.

## 7. Verkehr

Die Gesamtlänge des deutschen Straßennetzes beträgt über 231.000 km. Rund 13.000 km davon sind Autobahn – damit hat Deutschland das dichteste Autobahnnetz weltweit. Die autobahnähnlichen Bundesstraßen mit zwei Fahrbahnen und je mindestens zwei Fahrstreifen sind insgesamt 3.350 km lang. Außerdem gibt es Landstraßen, Kreisstraßen und Gemeindestraßen.

Für PKWs, d.h. Kleinwagen ohne Anhänger, gilt auf der Autobahn keine Geschwindigkeitsbegrenzung, außer bei Baustellen oder bei besonders gefährlichen Abschnitten. Empfohlen wird aber, nicht schneller als 130 km/h zu fahren, um sich und andere nicht zu gefährden. Auf Schnellstraßen liegt das Tempolimit für PKWs bei 100 km/h, in geschlossenen Ortschaften bei 30–50 km/h.

Nur wer einen gültigen Führerschein besitzt, darf in Deutschland Auto oder Motorrad fahren. Dafür muss man mindestens 17 Jahre alt sein und eine Fahrprüfung abgelegt

ألمانيا لديها نظام ضريبة معقد. كل فرد عامل يجب عليه دفع ضريبة دخل معينة، يعتمد مقدارها على دخل الفرد الشهريّ. هناك نوع آخر من الضرائب، وهو ما يُعرف بضريبة المبيعات، إذ يتم إضافتها على سعر المنتجات والخدمات، وهي بنسبة ٧٪ أو ١٩٪.

اليورو هو العملة المتداولة في ألمانيا، كما هو الحال في العديد من دول الإتحاد الأوروبيّ، تتوفر هذه العملة في شكل أوراق نقدية، بقيَم ٥، ١٠، ٢٠، ٥٠، ١٠٠، ٢٠٠، ٥٠٠ يورو. أما بالنسبة لقطع النقود المعدنية، فهي متوفرة بقيَم ١، ٢ يورو، بالإضافة إلى ١، ٢، ٥، ١٠، ٢٠، ٥٠ سنتاً.

## ٧. النقل والمواصلات

الطول الإجمالي لشبكة الطرق الألمانية يبلغ أكثر من ٢٣١ ألف كيلومتراً، منها حوالي ١٣ ألف كيلومتراً يشكلون شبكة الطرق السريعة، التي تخدم المواصلات البعيدة ونقل البضائع بين المدن ودول الجوار، وتُعتبر هذه الشبكة هي أكثف شبكة طرق سريعة في العالم. كما توجد أيضاً شبكة طرق سريعة أُخرى تربط بيْن الولايات الألمانية، ومشابهه للأولى، وهي طرق مُجهزة بمسربيْن علي الأقل لكل إتجاه. كذلك توجد طرق تربط مدن الولاية الواحدة ببعضها البعض، وطرق أُخرى رئيسية داخل المدينة الواحدة، وأُخرى فرعية.

للسيارات، والمقصود بها هنا السيارات الصغيرة بدون مقطورة؛ لهذا النوع من السيارات لا يوجد تحديد للسرعة القصوى المسموحة بها على الطرق السريعة، إلا في حالة وجود إصلاحات في الطريق أو في المناطق الخطرة، ولكن من المستحسن بشكل عام عدم السير بسرعة تتجاوز ١٣٠ كيلومتراً في الساعة، لكي يحافظ الإنسان على سلامته وسلامة الآخرين. أما على الطرق الرابطة بيْن المدن فتبلغ السرعة القصوى للسيارات الصغيرة ١٠٠ كيلومتراً في الساعة، أما داخل المناطق السكنية فتتراوح السرعة القصوى المسموح بها بيْن ٣٠ و ٥٠ كيلومتراً في الساعة.

وفقاً لقوانيين المرور في ألمانيا يُسمح فقط للأفراد، الذين يملكون رخصة قيادة سارية الصلاحية، بقيادة السيارات أو الدرجات النارية.

haben. Alkohol am Steuer ist nur in geringen Mengen erlaubt: Wer mehr als 0,5 Promille Alkohol im Blut hat, begeht eine Ordnungswidrigkeit, bekommt den Führerschein für einen Monat entzogen und muss ein Bußgeld in Höhe von 500 Euro zahlen. Ab 1,1 Promille handelt es sich um eine Straftat, die mit einer deutlich höheren Geld- oder gar Freiheitsstrafe belegt wird.

Dank eines gut ausgebauten Schienennetzes mit einer Gesamtlänge von 35.000 km kann man in Deutschland auch bequem mit dem Zug fahren. Hauptanbieter ist die Deutsche Bahn AG. In ganz Deutschland gibt es rund 5.400 Bahnhöfe, es werden also nicht nur die 2060 deutschen Städte, sondern auch viele kleinere Gemeinden erreicht. Fernbusse erfreuen sich für Fahrten zwischen größeren Städten zunehmender Beliebtheit.

Eine andere Transportmöglichkeit stellt das Fliegen dar: Deutschland hat 40 Verkehrsflughäfen, davon 16 internationale. Der drittgrößte Flughafen Europas liegt in Frankfurt am Main. Wer einen sogenannten Billigflieger bucht, kann häufig sogar günstiger mit dem Flugzeug als mit der Bahn verreisen, allerdings liegen die entsprechenden Flughäfen oft an schwer erreichbaren Orten irgendwo auf dem Land.

Auch das deutsche Binnenwasserstraßennetz ist mit seinen über 7.000 km Strecke gut ausgebaut, allerdings ist es fast nur relevant für die Berufsschifffahrt. Zu den wichtigsten Binnenhäfen zählen Duisburg, Mannheim und Köln. Der deutsche Seehafen mit dem größten Güterumschlag ist Hamburg.

يحق لكل من تجاوز سن السابعة عشر من عمره الحصول على رخصة قيادة، ولكن بشرط إجتياز الإمتحانات المخصّصة لذلك. قيادة المركبات بالرغم من شرب الخمر مسموح به في القانون الألماني ولكن بنسبة كحول في الدم لا تتجاوز ٠،٥٪ فقط. مخالفة ذلك يترتب عليها غرامة مالية ومُصادرة رخصة القيادة لمدة شهر واحد. قيادة المركبات بالرغم من نسبة كحول في الدم تتجاوز ١،١٪ تُعتبر جناية في القانون الألماني ويترتب عليها دفع غرامة مالية كبيرة أو حتى عقوبة سجن.

بفضل وجود شبكة سكك حديد جيدة جداً في ألمانيا، والتي يبلغ طولها الإجمالي حوالي ٣٥ ألف كيلومتراً، يتنقل الألمان وبشكل جيد بواسطة القطارات داخل ألمانيا أو حتى لخارجها. المزود الرئيسي لهذه الخدمة هي شركة النقل الألمانية دويتشه بان. في جميع أنحاء ألمانيا يوجد حوالي ٥٤٠٠ محطة قطارات، وبفضل ذلك يتم ربط ٢٠٦٠ مدينة ألمانية، إضافة إلى عدد كبير من القرى الصغيرة. في الآونة الأخيرة زاد الإقبال وبشكلٍ كبير على إستخدام حافلات نقل عام كوسيلة نقل رخيصة مقارنة بأسعار تذاكر الطائرة أو القطار.

يستخدم الطيران الداخلي بكثافة في ألمانيا كوسيلة نقل سريعة، حيث يوجد في ألمانيا ٤٠ مطاراً، منهم ١٦ مطاراً دولياً. في مدينة فرانكفورت يوجد ثالث أكبر مطار في أوروبا. في بعض الأحيان يمكن للشخص أن يحصل على تذكرة طائرة بسعر رخيص، وبالتالي السفر بالطائرة عوضاً عن القطار. لكن من سلبيات السفر جواً وجود المطارات بالعادة خارج المدن، سا يُصعّب الوصول إليها.

يجدر بالذكر أيضاً، أنَّ شبكة الموانى الداخلية الألمانية، التي يصل إمتدادها إلى ٧ ألاف كيلومتراً، متطورة جداً أيضاً، ولكنها تستخدم في الغالب كوسيلة لنقل البضائع. من أهم الموانىء الداخلية في ألمانيا ميناء دويسبورغ وميناء مانهايم وميناء كولونيا، وكذلك الميناء البحري الأكبر من نوعه في تبادل البضائع في ألمانيا، والذي يقع في مدينة هامبورغ.

## 8. Geschichte

Ein genaues Datum für den Beginn der deutschen Geschichte gibt es nicht. Der Süden und Westen des heutigen Deutschland gehörten zum Römischen Reich. Der Norden nicht, denn im Jahr 9 n. Chr. fügte der Cheruskerfürst Arminius den römischen Legionen eine vernichtende Niederlage zu. Gerne wird dieser Fürst als Deutscher dargestellt.

Selbiges sagt man auch von Karl dem Großen, dem ersten mittelalterlichen Kaiser in Europa. Mit gleichem Recht wird er aber als „Charlemagne", als Urvater Frankreichs, verehrt. Seine Hauptresidenz Aachen blieb bis ins 16. Jahrhundert Krönungsort der römisch-deutschen Könige und Kaiser.

Das Reich Kaiser Karls des Großen zerfiel im Streit zwischen seinen Nachkommen. Es standen sich das fränkische Westreich (Ursprung des heutigen Frankreichs) und das Ostreich gegenüber. Erst anderthalb Jahrhunderte nach dem Tod Karls des Großen kann man – seit der Wahl und Krönung Ottos des Großen 962 zum Kaiser des Heiligen Römischen Reichs Deutscher Nation – von eigentlicher deutscher Geschichte sprechen.

Für Deutschland und Europa war die Epoche der Aufklärung im 17. und 18. Jahrhundert eine wichtige kulturelle und gesellschaftliche Reformbewegung. Rationales Denken und die Orientierung an Vernunftprinzipien sowie die intensive Beschäftigung mit den Naturwissenschaften brachten den Bürgern z. B. die religiöse Toleranz, die Idee der allgemeinen Menschenrechte sowie das Gemeinwohl als staatsbürgerliche Pflicht – also Ideale, die bis heute ihre Gültigkeit haben.

Das Heilige Römische Reich Deutscher Nation bestand bis zu seiner im Zuge der napoleonischen Kriege erzwunge-

## ٨. تاريخ ألمانيا

لا يوجد تأريخ محدد لبداية التاريخ الألماني. الجزئيْن الجنوبيّ والغربيّ من ألمانيا كانا تابعين للإمبراطورية الرومانية، أما الجزء الشمالي فكان تحت سيطرة الشيراسكيون، وهم قبائل جرمانية قطنت أجزاء من شمال وادي الراين وشمال غرب ألمانيا، وهي المناطق الواقعة حالياً بين مدينتيّ أوسنابروك وهانوفر. إستطاع الشيراسكيون بقيادة الأمير أرمينيوس إلحاق هزائم ساحقة بجيوش الإمبراطورية الرومانية في العام التاسع بعد الميلاد، ويُنظر للأمير أرمينيوس في التاريخ على أنه قائد ألماني.

كذلك يُنظر أيضاً للملك كارل الكبير على أنه ملك ألمانيّ، وهو أول إمبراطور في أوروبا في القرون الوسطى، يُطلق عليه أيضاً إسم شارلمان الأب المؤسس لفرنسا. مدينة آخن في أقصى غرب ألمانيا، المقر الرئيسي لإمبراطوريته، ظلت حتى القرن السادس عشر مركزاً لتتويج ملوك وقياصرة الإمبراطورية الرمانية المقدسة.

إنهارت إمبراطورية كارل الكبير إثر الخلافات التي قامت بين أبنائه بعد موته، حيث ولّدت تلك الخلافات مواجهات عسكرية بين الجزء الغربيّ من الإمبراطورية الواقع في فرنسا من جهة، والجزء الشرقيّ الموجود في ألمانيا من جهة أخرى. بعد قرن ونصف القرن على موت كارل الكبير، وبالتحديد مع إختيار أوتو الأول وتتويجه إمبراطوراً للإمبراطورية الرومانية المقدسة الجرمانية في عام ٩٦٢م، من هنا يمكن الحديث عن بداية التاريخ الألمانيّ.

عاشت ألمانيا والدول الأوروبية ككل في القرنين السابع عشر والثامن عشر فترة تغييرات جذرية وتجديدات عمت المجتمع الأوروبي، وتُسمى هذه الفترة بعصر التنوير. التحول إلى التفكير المنطقي العقلاني والإنشغال المكثّف بالعلوم ساعد الشعب الألماني في الوصول إلى قِيَم، مثل التسامح الديني، وفكرة حقوق الإنسان، وفكرة التكافل الإجتماعي كواجب وطني، وقيَم أخلاقية أخرى ما زالت قائمة حتى اليوم.

بقيت الإمبراطورية الرومانية الجرمانية المقدّسة قائمة حتى إجبارها على التفكك في عام ١٨٠٦م من قِبَل الحملة الفرنسية بقيادة نابليون

nen Auflösung im Jahr 1806. Es war eher ein Verbund von Fürstentümern mit sich verschiebenden Machtzentren als ein festgefügter Staat. Es hatte niemals eine wirkliche Hauptstadt.

Deutschland war mit der Reformation Martin Luthers im 16. Jahrhundert Ausgangspunkt der Spaltung der christlichen Kirche in West- und Mitteleuropa. Es brauchte Jahrhunderte und fürchterliche Kriege, bis sich im 19. und 20. Jahrhundert Religionsfrieden, Religionsfreiheit und Toleranz gefestigt hatten.

Nach dem deutsch-französischen Krieg von 1870/71 wurde mit der Krönung des preußischen Königs Wilhelm I. zum deutschen Kaiser das Deutsche Reich ohne Österreich neugegründet. Deutschland war nun Staatenbund und konstitutionelle Monarchie. Ende des 19. Jahrhunderts führte der Wunsch, es mit den erfolgreichen Kolonialmächten England und Frankreich aufnehmen zu können, zu einem aggressiver werdenden, übersteigerten Nationalismus.

Erst am Ende des I. Weltkriegs (1914–1918) wurde Deutschland zur parlamentarischen Demokratie, die als Weimarer Republik bekannt ist. Diese wurde durch die antidemokratischen Kräfte von Nationalisten, Nationalsozialisten und Kommunisten schon nach wenigen Jahren zerrieben.

Im Zuge von Weltwirtschaftskrise und Inflation bekam Adolf Hitlers 1920 gegründete NSDAP (Nationalsozialistische Deutsche Arbeiterpartei) rasch immer mehr Zulauf. 1933 wurde Hitler von Reichspräsident Paul von Hindenburg zum deutschen Reichskanzler ernannt. Innerhalb von wenigen Monaten beseitigten die „Nazis“ durch Terror, Verbote und Verfolgung Andersdenkender die politischen, freiheitlichen und sozialen Errungenschaften der Weimarer Republik. Die Shoah mit sechs Millionen ermordeten europäischen Juden und der II. Weltkrieg (1939–1945) mit ins-

بونابرت، وأصبحت عبارة عن إتحاد مجموعة من الإمارات مع مراكز قوة متنقلة، ولذلك لم يكن هناك عاصمة محددة بشكل رسميّ.

كانت ألمانيا مع بداية عصر الإصلاح في أوروبا على يد القسيس مارتن لوثر في العصر السادس عشر مصدر إنقسام الكنيسة المسيحية في غرب وشرق أوروبا. إحتاج الأمر عدة قرون من الزمن وحروب شنيعة، حتى إستطاعت أوروبا إرساء مبادئ السلام وحرية الأديان والتسامح في مجتمعاتها، وكان ذلك في القرنيْن التاسع عشر والعشرين.

بعد الحرب الألمانية الفرنسية في العاميْن (١٨٧٠- ١٨٧١م) تأسست الإمبراطورية الألمانية وبدون الأراضي النمساوية، وتُوِّج ملك مملكة بروسيا ويليم الأول إمبراطوراً لها. كانت ألمانيا في ذلك الوقت عبارة عن إتحاد فيدرالي ومملكة دستورية. تسببت الرغبة في الإندماج مع قوى الإستعمار الأوروبية، فرنسا وإنجلترا، في نهاية القرن التاسع عشر إلى تزايد وتيرة النزعة القومية المصحوبة بأعمال عدوانيّة في الجتمعات الأوروبية.

مع نهاية الحرب العالمية الأولى (١٩١٤- ١٩١٨م) أصبحت ألمانيا جمهورية برلمانية ديمقراطية، وعُرفت بإسم جمهورية فايمر، التي سرعان ما فُتفِتت، وبعد مرور أعوام قليلة فقط، على أيدي قوات معادية للديمقراطية، من قوميين ونازيين وإشتراكيين.

في إطار الأزمة المالية العالمية الأولى والتضخم المالي المصاحب لها، حصل حزب العمال القومي الإشتراكي الألماني، المعروف بالحزب النازي والمُؤَسس من قِبَل أدولف هتلر في عام ١٩٢٠م، على إقبال جماهيريّ كبير. في عام ١٩٣٣م عُيِّن أدولف هتلر، من قِبَل رئيس الجمهورية باول فون هِندنبورغ، مستشاراً للجمهورية الألمانية. وبعد مرور أشهر قليلة فقط من تسلمه السلطه، إستطاع الحزب النازي إزالة جميع العقبات من طريقه للتفرد بالسلطة؛ فقد قامت الحكومة بترهيب ومنع وملاحقة كل مناهضيها من أحزاب ديمقراطية ومفكرين أحرار. كذلك قام الحزب النازي بهدم كل المكتسبات السياسية والإجتماعية

gesamt 55 Millionen Opfern waren die Folge. Am Ende des Krieges waren viele deutsche Städte stark zerstört, und Deutschland wurde mit Hilfe der Siegermächte wieder aufgebaut.

Aufgrund der Shoah hat Deutschland bis heute eine besondere Verantwortung für das Wohlergehen von Juden in der Welt und bekennt sich zum Existenzrecht Israels.

1949 wurden die Bundesrepublik Deutschland (BRD) und die Deutsche Demokratische Republik (DDR) gegründet. 1961 errichtete die DDR die Berliner Mauer. Im Kalten Krieg zwischen Ost und West blieb Deutschland somit gewaltsam geteilt. Zahlreiche Menschen verloren an der mit Stacheldraht und Schießanlagen gesicherten Grenze auf der Flucht ihr Leben.

Die junge Demokratie in Westdeutschland richtete sich nach den politischen Werten des Westens aus und wurde schnell zu einem Partner für die USA und die europäischen Nachbarstaaten.

Infolge der außenpolitischen Öffnung der Sowjetunion („Perestroika") fiel nach friedlichen Protesten im November 1989 die Mauer und mit ihr das Regime der DDR. Ein Jahr später wurde Deutschland wiedervereinigt und Berlin Hauptstadt. 2005 wurde Angela Merkel als erste Frau und erste Ostdeutsche zur Bundeskanzlerin gewählt.

لجمهورية فايمر الألمانية. الهولوكوست، المحرقة النازية التي تسببت بقتل ستة ملايين يهودي من يهود أوروبا، والحرب العالمية الثانية (١٩٣٩ – ١٩٤٥م)، ومجموع ضحاياها المُقدّر بخمس وخمسين مليون قتيل، كل ذلك كان من نتائج تسلّم الحزب النازي مقاليد الحكم في ألمانيا. بعد نهاية الحرب العالمية الثانية كانت الكثير من المدن الألمانية مُدمَرة بشكل كبير، ولكن سرعان ما تم إعادة إعمار ما دمرته الآلة الحربية بمساعدة القوى العالمية المنتصرة.

بسبب الإبادة الجماعية لليهود، في الحرب العالمية الثانية، تقف ألمانيا تجاه مسؤولياتها لحماية اليهود ورخائهم، وتعترف كذلك بحق إسرائيل في الوجود.

في عام ١٩٤٩م تم الإعلان عن تأسيس جمهورية ألمانيا الإتحادية، المعروفة سابقاً بألمانيا الغربية كبلد ديمقراطي حُر، وكذلك تأسيس جمهورية ألمانيا الديمقراطية أو ألمانيا الشرقية، كبلد ديكتاتوري إشتراكي. وفي عام ١٩٦١م تم إنشاء جدار برلين، الذي فصل بين الألمانيتيْن طوال الحرب الباردة بين الشرق والغرب. الكثير من الألمان الشرقيين فقدوا حياتهم على الحدود المجهزة بالأسلاك الشائكة والقنّاصة، بحثاً عن حياة جديدة لهم.

إنبثقت الديمقراطية الحديثة في ألمانيا الغربية من قيم ومواريث السياسة الغربية، وسرعان ما تحولت ألمانيا الغربية إلى حليف للولايات المتحدة الأمريكية والدول الأوروبية الأُخرى.

نتيجة لإنفتاح السياسة الخارجية للإتحاد السوفييتي ضمن برنامج البيريسترويكا (برنامج إصلاحات إجتماعيّ وسياسيّ إقتصاديّ شامل أطلقه رئيس الإتحاد السوفييتي ميخائيل غورباتشوف)، إنهار جدار برلين، وإنهار معه النظام الذي كان قائماً في ألمانيا الشرقيّة. بعد عام واحد على إنهيار جدار برلين توحددت ألمانيا، وأصبحت برلين عاصمة الجمهورية الإتحادية الألمانية. شهِد العام ٢٠٠٥م إنتخاب أنجيلا ميركل مستشارةً للجمهورية، كأول إمرأة، وأول ألماني شرقي يستلم هكذا منصب في تاريخ البلاد.

## 9. Kultur

Deutsch ist eine indogermanische Sprache und hat sich im Laufe von rund 3000 Jahren zu unserer heutigen Sprache herausgebildet. Inzwischen wird Deutsch von über 100 Millionen Menschen gesprochen, so in einigen Nachbarländern wie Österreich oder der Schweiz, aber auch im italienischen Südtirol und selbst in der ehemaligen deutschen Kolonie Namibia. Deutsch gilt als eine der zehn wichtigsten Sprachen weltweit – und als eine Sprache, die aufgrund ihrer Grammatik nicht leicht zu erlernen ist.

Wenn Deutschland als das „Land der Dichter und Denker" bezeichnet wird, so bezieht sich dies vor allem auf die Zeit der Klassik und Romantik im 18. und 19. Jahrhundert. Deutsche Künstler von herausragender Bedeutung gab es jedoch schon viel früher und ebenso in den anderen Künsten. Weltweit bekannte deutsche Dichter sind Johann Wolfgang von Goethe und Friedrich Schiller, Thomas Mann und Bertolt Brecht. Immanuel Kant, Georg Wilhelm Friedrich Hegel und Friedrich Nietzsche sind Philosophen, die das westliche Denken geprägt haben. Auch Komponisten wie Johann Sebastian Bach, Ludwig van Beethoven oder Richard Wagner werden bis heute auf allen Kontinenten verehrt und gespielt. Die Liste der bedeutenden deutschen Dichter, Denker, Komponisten und Künstler ist lang und wird ständig fortgesetzt.

Zu den dunkelsten Kapiteln der deutschen Kulturgeschichte zählt die Zeit während der Nazi-Diktatur: Viele Kunstwerke galten als „entartet" und wurden verboten oder zerstört, tausende von Büchern verbrannt. Die verfolgten Künstler, oft Juden, gingen ins Exil oder starben in Konzentrationslagern. Auch wer in der DDR Bücher schrieb, Bilder

## ٩. الثقافة

اللغة الألمانية تُعد واحدة من اللغات الهندية – الأوروبية، والتي إنبثقت عنها بعد مرور ٣٠٠٠ عاماً تقريباً اللغة الألمانية المعروفة في يومنا هذا، والتي يتكلمها أكثر من ١٠٠ مليون إنسان في كل من ألمانيا ودول مجاورة مثل النمسا وسويسرا ومقاطعة جنوب تيرول الإيطالية وحتى في نيبال المستعمرة الألمانية سابقاً. تُعد اللغة الألمانية من أهم عشر لغات على مستوى العالم، ونظراً لكثرة تعقيدات قواعدها تُعد اللغة الألمانية من اللغات الصعبة على التعلم.

نظراً لفترات الإزدهار الفكريّ والثقافيّ والفنيّ التي عاشتها ألمانيا، وبالأخص في الفترة ما بين القرن الثامن عشر والتاسع عشر، يُرمز لألمانيا ببلد الشعراء والمفكرين، ولكن التاريخ الألماني القديم مليء كذلك بالشخصيات البارزة، التي برعت في مجالات فنية متعددة. يعرف العالم العديد من الشخصيات الألمانية البارزة، فعلى مستوى الشعر يعرف العالم كل من يوهان فولفغانغ فون غوته، وفريدرش شِلر، وتوماس مان، وبِرتولت بريشت. أما من الفلاسفة الألمان، فيعرف العالم كل من إمانويل كانت، وجورج ويليم فريدريش هيغل، والفيلسوف كارل ماكس، وفريدرش نيتشه، كل هؤلاء الفلاسفة كان لهم دور كبير في تأسيس الفكر الغربي وقيادته إلى ما وصل إليه اليوم. أما في عالم الموسيقى فيوجد العديد من أسماء الملحنين والموسقيين الكبار، التي أثرت أعمالهم في مسار الموسيقى الكلاسيكية في العالم، وما زالت سيمفونياتهم تُعزف في أشهر دور الأوركسترا العالمية، ومن هؤلاء يوهان سبستيان باخ، ولودفيج فان بيتهوفن، وريتشارد فاغنر. قائمة أسماء الشخصيات الألمانية البارزة طويلة، وما زالت تضم أسماء جديدة لها.

تُعد الحُقبة النازية من الفترات السوداء التي عاشتها الثقافة الألمانية، فكثير من الأعمال الفنية إعتبرها النازيون أعمال رجعية وفاسدة، لذلك تم إتلافها ومنعها، كذلك الكثير من الكتب تم حرقها. الكثير من الفنانين وبالأخص اليهود منهم هاجروا من ألمانيا أو ماتوا في المعتقلات. إستمرت هذه الحُقبة السوداء بعد الحرب العالمية الثانية في ألمانيا الشرقيّة، إذ مُنعت الكتب والرسومات والأفلام وغيرها من الفنون، التي

malte oder Filme drehte, die den kommunistischen Machthabern zu regimekritisch waren, musste mit Sanktionen rechnen und wurde zensiert, abgeschoben oder inhaftiert.

Heute ist die Situation für Künstler und Kulturschaffende in Deutschland so gut wie nie zuvor. Gemessen an anderen Staaten sind die Subventionen für Kultur in Deutschland trotz einiger Kürzungen immer noch sehr hoch. Häufig engagieren sich auch private Förderer, indem sie ihre Gemäldesammlungen an Museen verschenken oder sich mit Millionenspenden am Bau von Theatern, Konzerthäusern und sogar ganzen Schlössern (Berlin) beteiligen. Die Deutschen sind stolz auf ihre Kultur, und das können sie mit ihren 6.200 Museen, 820 (Musik-)Theatern, 130 Berufsorchestern, 8.800 Bibliotheken und 37 UNESCO-Denkmälern auch sein. Einige Opern zählen sogar zu den Top-Häusern weltweit, die Documenta in Kassel ist die international bedeutendste Ausstellungsreihe für zeitgenössische Kunst und das Filmfestival „Berlinale" ein Magnet selbst für Hollywoodstars.

Auch in Forschung und Lehre ist Deutschland traditionell ein wichtiger Standort. Die ersten Universitäten auf deutschem Boden wurden im 14. Jahrhundert in Erfurt, Heidelberg und Köln gegründet. Heute gibt es in Deutschland 425 Hochschulen mit 2,7 Millionen Studenten und 45.000 Professoren. Die Zahl der Studienabschlüsse steigt kontinuierlich, einige deutsche Hochschulen zählen zu den besten der Welt, fünf der zehn forschungsstärksten Unternehmen Europas kommen aus Deutschland.

## 10. Gesellschaft

Deutschland ist ein weltoffenes Land, in dem nicht zuletzt die Chancengleichheit der Geschlechter und der unterschiedlichen sozialen Schichten großgeschrieben wird. Jun-

كانت تنتقد القوى الشيوعية الحاكمة، وكل من خالف تلك القوانين تمت معاقبته ووُضع تحت المراقبة أو تم إبعاده أو إعتقاله.

أما اليوم فوَضع الفنانين والمبدعين الثقافيين في أحسن أحواله، ولم يحظى الفنانين بيوم من الأيام بأفضل من هذا الدعم، المقدم لهم اليوم في ألمانيا، وبالقارنة بالدول الأخرى، وبالرغم من بعض التقليصات، هنا وهناك، يبقى هذا الدعم قوي جداً في هذا البلد. كثيراً ما يُشارك مشجعين، وبصفة شخصية، في دعم الثقافة والفن عن طريق التبرع بمقتنياتهم من القطع الفنية للمتاحف، أو المشاركة في جمع الملايين من التبرعات لبناء المسارح أو دور الموسيقى، أو حتى لبناء قصور ثقافية كاملة. الشعب الألماني فخور بثقافته، إذ تملك ألمانيا ٦٢٠٠ متحفاً، و ٨٢٠ مسرحاً و ١٣٠ معاهداً موسيقيّاً، و ٨٨٠٠ مكتبة، و ٣٧ مَعلماً أثريّاً تابع لمنظمة اليونسكو. حتى بعض دور الأوبرا في ألمانيا تُعد من الأفضل والأضخم على مستوى العالم، مثل دار فرانكفورت. كذلك معرض الدوكومنتا في مدينة كاسل في قلب ألمانيا يُعد من أهم معارض العالم، ويشارك فيه فنانون من شتى أنحاء العالم. كذلك مهرجان برلين السينمائي الدولي الذي يجذب حتى نجوم الهوليوود إليه.

في مجال العِلم والبحث العلمي أصبحت ألمانيا من أهم مراكز العالم لذلك. أولى الجامعات الألمانية تأسست في القرن الرابع عشر، في كل من إيرفورت وهامبورغ وكولونيا. اليوم يوجد ٤٢٥ جامعة وكلية في ألمانيا، مع عدد طلاب يصل إلى ٢,٧ مليون طالباً و ٤٥ ألف أستاذ جامعيّ. أعداد الشهادات الجامعية في تصاعد مستمر، وبعض الجامعات في ألمانيا تُعد من أفضل الجامعات في العالم. خمس مؤسسات لتطوير البحث العملي، من أصل أقوى عشرة على مستوى أوروبا، موجودة في ألمانيا.

## ١٠. المجتمع

ألمانيا دولة واسعة الأُفق ومنفتحه. فيها تتساوى الفرص للجميع من الرجال والنساء، ومن كل طبقات المجتمع المختلفة. الكل يتساوى في الحقوق والواجبات، لا يُميِّز المجتمع الألماني بين البنين والبنات، أو بين

gen und Mädchen, Männer und Frauen sind gleichberechtigt und haben dieselben Möglichkeiten, eine Ausbildung zu machen und einen Beruf zu ergreifen. Das betrifft auch Kinder, die aus ärmeren Familien kommen und/oder einen Migrationshintergrund haben. Grundsätzlich zählt in Deutschland nur die Leistung und nicht die Herkunft oder die finanziellen Verhältnisse. Jeder, der in der Grundschule ein gutes Zeugnis hatte, kann aufs Gymnasium wechseln und Abitur ablegen, um danach ein Universitätsstudium zu beginnen. Wer eine Haupt- oder Realschule besucht, kann nach dem Abschluss eine Lehre machen und eine Berufsschule besuchen. Wer gar keine Arbeit findet oder seine Stelle verliert, wird vom Staat finanziell unterstützt.

Die gesetzliche Rentenversicherung, in die alle Berufstätigen einzahlen müssen, sorgt dafür, dass ältere Menschen ab Mitte 60 nach Ende ihrer Berufstätigkeit eine Rente bekommen. Diese Rente wird jedoch zukünftig vielfach nicht ausreichen, was mit der demografischen Entwicklung Deutschlands zusammenhängt. Mit der Studentenbewegung von 1968 und der Emanzipation der Frau haben sich die Familienstrukturen deutlich gewandelt. Mehr als sieben von zehn Frauen sind inzwischen berufstätig, über die Hälfte von ihnen in Teilzeit. Zwar sind 68 % der berufstätigen Frauen Mütter, doch die Anzahl an Geburten ist insgesamt stark gesunken; heute bekommt jede deutsche Frau nur noch durchschnittlich 1,38 Kinder. Damit gibt es immer weniger künftige Beitragszahler in die Rentenkassen.

Proportional zu den abnehmenden Geburten steigt die Anzahl der Menschen über 65 Jahre; vielerorts ist bereits von einem „Pflegenotstand" die Rede, weil die meisten Familien sich wegen der Berufstätigkeit beider Partner nicht um ihre älteren Verwandten kümmern können. Auch leben die Deutschen unterschiedlicher Generationen oft nicht mehr

الرجل والمرأة، لذلك يملك كل فرد في هذا المجتمع فرصة التعلم والحصول على وظيفة. هذا ينطبق أيضاً على الأطفال المنحدرين من عائلات فقيرة أو من أصول أجنبية. القدرة على الأداء والتفوق هو المعيار الرئيسيّ لتوزيع الفرص، وليس المنابت والأصول أو الحالة الإجتماعيّة والماديّة للفرد. كل تلميذ يحصل على شهادة جيدة في المرحلة الإبتدائية له الحق في الإنتقال إلى المرحلة الثانوية، لتحصيل شهادتها، والبدء فيما بعد بالدراسة الجامعية. أما التلميذ الذي لا تسمح له شهادته الإبتدائية بدخول المرحلة الثانوية، فتستقبله المدرسة المتوسطة، ويحق له بعد الإنتهاء من هذه المرحلة بإختيار مهنة معيّنة والإنتقال بالتالي إلى المدرسة المهنية لتعلُمها. من لا يجد عملاً أو من يخسر وظيفته تقدم له الحكومة مساعدة مالية.

الضمان الإجتماعي الإلزامي لكل العاملين في ألمانيا، يكفل لكل مواطن وابتداءاً من عمر ٦٥ عاماً، ومع إنهاء فترة الخدمة، راتباً تقاعدياً. لكن هذا الضمان الإجتماعي سيعاني من عجز شديد في المستقبل، بسبب تطّور الطبيعة الديموجرافية لألمانيا. مع الحركات الطلابية في عام ١٩٦٨م، وما صاحبها من تحرر للمرأة في المجتمع، تغيْرت البُنيَة الأُسريّة بشكل كبير. أكثر من سبع نساء من أصل عشرة يعملن حالياً فِي وظائف، وهذه النسبة، هي أعلى من نظيراتها في الدول الأوروبية الأخرى. صحيح أنّ ٦٨٪ من تلك النساء هن أمهات، إلاّ أنّ مجموع عدد المواليد إنخفض بشكل ملحوظ، وبمعدّل ١,٣٨ طفلاً لكل إمرأة. هذا سيؤدي مستقبلاً إلى إنخفاض عدد المشتركين في الضمان الإجتماعيّ، وبالتالي إنخفاض مدخول تلك المؤسسة.

بتناسب عكسيّ يرتفع في المقابل عدد المواطنين الألمان الذين تزيد أعمارهم عن ٦٥ عاماً. في مناطق كثيرة في ألمانيا يكثر الحديث اليوم عن عجز في إمكانية توفير الرعاية للمسنين. أغلب الأسر، وبسبب إنشغال الرجل والمرأة بوظائفهم، عاجزة عن القيام برعاية أقربائِهم من المسنين. على الأغلب لا يعيش الألمان بمختلف أجيالهم مع بعضهم البعض تحت

zusammen unter einem Dach, sondern zumeist in Kleinfamilien oder als Single in Einpersonenhaushalten.

In Deutschland suchen sich junge Menschen ihre Partner selbst – im Berufsleben oder über gemeinsame Freunde. Immer mehr Singles setzen auch auf Partnerbörsen im Internet. Gemischte Ehen, auch religionsgemischte Ehen, zwischen Deutschen und Ausländern sind immer häuftiger anzutreffen.

Wenngleich die Anzahl der neu geschlossenen Ehen in Deutschland relativ konstant geblieben ist, leben inzwischen 12 % der Paare in „wilder Ehe“, d. h., sie sind unverheiratet und wohnen trotzdem zusammen. Eltern ohne Trauschein und alleinerziehende Mütter oder Väter sind ebenfalls eine zunehmende Erscheinung. Auch der Anteil homosexueller Paare ist gestiegen. Fast die Hälfte von ihnen lebt in einer Eingetragenen Lebenspartnerschaft, einer Art Ehe mit entsprechenden Rechten und Pflichten.

Auch sonst ist das Leben in Deutschland vor allem in den Städten sehr bunt und vielfältig. Es gibt z. B. keinerlei Kleidervorschriften, wenngleich das ungeschriebene Gesetz herrscht, sich im Büro oder in Kirche und Oper formeller zu kleiden als in der Freizeit. Das Spektrum im Kleidungsstil reicht vom Business-Outfit von Bankangestellten bis zur Freizeitmode bei jungen Mädchen mit bauchfreien Oberteilen und sehr kurzen Röcken oder Shorts.

Die Deutschen haben viele Hobbys und engagieren sich häufig in Vereinen, die allen Interessierten offenstehen. Das Spektrum reicht von Musik- und Gesangsvereinen über viele verschiedene Sportvereine bis zu Naturschutzvereinen und Kleingartenkolonien mit sogenannten Schrebergärten. 15 Millionen Deutsche treiben regelmäßig Sport, gehen ins Fitnessstudio, spielen Fußball, joggen, wandern, schwimmen

سقف واحد، وإنما على شكل أُسر صغيرة، أو حتى بشكل فرديّ ومستقل في شقق صغيرة.

يبحث الكثير من الشباب في ألمانيا عن شريك للحياة إما في العمل أو بين الأصدقاء. الكثير من الشباب الأعزب يبحث أيضاً في مواقع التعارف المخصّصة لذلك على شبكة الإنترنت. ظاهرة الزواج المختلط (دينياً أو ثقافياً) بين الألمان وأبناء الجاليات الأجنبية أخذت في الإنتشار في المجتمع الألماني بشكل ملحوظ.

مع أنَّ معدّلات عقود الزواج السنوية بقيت ثابتة نسبياً، إلاّ أنَّ ١٢٪ من الأزواج في ألمانيا يعيشون حالياً حياة منفصلة، أي أنَّ الزوج والزوجة وبالرغم من أنهم يعيشون تحت سقف واحد، إلاّ أنَّ حياتهم الزوجية منتهية. آباء وأمهات من غيْر عقد زواج أو أمهات لوحدهن أو آباء لوحدهم مع طفل أو أكثر، كلها ظواهر آخذة بالتزايد في المجتمعات الألمانية في السنوات الأخيرة. ظاهرة زواج المثليين أخذت أيضاً بالتزايد في المجتمعات الألمانية، إذ أنَّ نصف عدد المثليين في ألمانيا يعيش حياة زوجية وبعقد زواج رسمي، أي بنفس الحقوق والواجبات المُطبّقة في الزواج التقليدي.

الحياة في ألمانيا، وبالأخص في المدن، هي حياة متعددة الألوان ومتنوعة؛ فمثلاً لا توجد أية قوانين تُقيّد اللباس، ولكن من المتعارف عليه ومن غير وجود نصّ قانوني، أنَّ الفرد يتقيد في المكاتب أو في الكنائس أوفي دور الأوبرا بلباس رسميّ بعض الشيء، وبخلاف اللباس في أوقات الفراغ. لذلك ممكن أن يرى الفرد في ألمانيا أساليب لباس متنوعة، من لباس رسميّ كما هو الحال عند موظفي البنوك، إلى لباس مفتوح وكاشف عن الذراعيْن والبطن، أو تنانير وبناطيل قصيرة جداً، كما هو الحال في لباس الفتيات في أوقات الفراغ.

يملك الشعب الألماني هوايات عديدة ومتنوعة، وكثير ما يشتركون في نواد لمختلف الإهتمامات، كالموسيقى والغناء والرياضات المتنوعة أو الأندية المهتمة بحماية الطبيعة، والتي غالباً ما تتكون من بساتين صغيرة يستغلها الألمان لزراعة بعض أنواع الورود والخضروات. ١٥ مليون ألماني يمارسون الرياضة بأنواعها المختلفة وبشكل منتظم، منهم من يذهب إلى نوادي اللياقة وبناء الأجسام، والبعض الآخر يمارس

oder machen Yoga. Außerdem verreisen sie oft – und schauen sich touristische Attraktionen an oder genießen das Strandleben im In- und Ausland.

هوايات أُخرى، مثل لعب كرة القدم أو الركض أوالتسلق أوالسباحة أو رياضة اليوغا في الأماكن والنوادي المخصّصة لذلك. يسافر الألمان كثيراً وغالباً ما يتم ذلك بواسطة منازل متنقلة لمشاهدة مناطق سياحيّة مدهشة، أو للتمتع بالشواطيء والإستلقاء على رمالها تحت أشعة الشمس، سواء داخل ألمانيا أو خارجها.

## Grundlagen für ein Leben in Deutschland

### *Wichtige Informationen zum Verständnis von Staat und Gesellschaft*

#### 1. Freiheit

Deutschland ist ein freies und demokratisches Land. Die wichtigsten Freiheiten und Grundrechte aller Bürger sind in den ersten 19 Artikeln des Grundgesetzes, der deutschen Verfassung, festgelegt. Sie beziehen sich unmittelbar auf die Allgemeine Erklärung der Menschenrechte der Generalversammlung der Vereinten Nationen von 1948. Diese Grundrechte dürfen von keiner Regierung oder anderen Institutionen in ihrem Wesensgehalt verändert werden.

Es gibt ein eigenes und unabhängiges Bundesverfassungsgericht, das allein dafür zuständig ist, im Zweifelsfall zu klären, ob Gesetze mit dem Grundgesetz vereinbar sind. Wenn dies nicht der Fall ist, darf ein Gesetz nicht in Kraft treten.

Das über allem stehende Grundrecht eines jeden in Deutschland lebenden Menschen ist, dass seine Würde unantastbar ist. Es ist die wichtigste Aufgabe des deutschen Staates, die Würde eines jeden Menschen zu achten und zu schützen.

In Deutschland hat jeder das unverletzliche Recht auf die freie Entfaltung seiner Persönlichkeit, auf Leben und körperliche Unversehrtheit. Jeder darf seine Meinung frei äußern, und auch die Freiheit der Presse ist bereits im Grundgesetz verankert. Eine Zensur der journalistischen Berichterstattung findet nicht statt. Die Bürger haben das Recht, sich ohne Anmeldung und Erlaubnis friedlich zu versammeln. Sie dürfen ihre Ausbildung und ihren Beruf frei wählen,

# الثوابت الأساسية للحياة في المجتمع الألمانيّ

## معلومات مهمة عن مفهوم الدولة والمجتمع

### ١. الحرّية

ألمانيا بلد مُستقل ديمقراطيّ، المواد التسعة عشر الأولى من الدستور الألماني تنصّ على أهم الحرّيات والحقوق الأساسية لجميع المواطنين. تعتمد مواد الدستور هذه في نصوصها على بيان الجمعية العامة للأمم المتحدة المتعلق بحقوق الإنسان، والصادر في عام ١٩٤٨م. هذه الحقوق محفوظة في القانون الألماني، ولا تستطيع أية حكومة أو أية مؤسسة أخرى إلغائها أو حتى إجراء تغييرات جذرية عليها.

المحكمة الدستورية الإتحاديّة هي هيئة قائمة بحد ذاتها ومستقلّة، وهي مسؤولة بالدرجة الأولى عن البحث عن ما إذا كانت القوانين الصادرة تتفق مع مواد الدستور الأساسية. إذا تعارض أي قانون صادر عن الحكومة مع هذه المواد، فيُمنع دخول هذا القانون، وبقرار من المحكمة الدستورية الإتحادية، حيّز التنفيذ.

أهم تلك الحقوق المنصوص عليها في الدستور هي المحافظة على كرامة أي إنسان يعيش في ألمانيا ومراعتها، وكذلك تُعد المحافظة على هذا الحق من أهم الواجبات الملقاة على عاتق الدولة الألمانية.

كل فرد في ألمانيا يملك حقاً غير مُنتقص في الحياة، وفي سلامة الجسم، وحقاً في حرّية التفكير وتطوير شخصيته بالطريقة التي يراها مناسبة. يستطيع كل فرد التعبير عن رأيه بحرّية تامة، أما حرّية الصحافة فهي راسخة في الدستور الألماني، ومكفولة من خلاله ولا تقع تحت أي مراقبة من أي جهة كانت. يملك المواطنون الحق في التجمُّع بطريقة سلمية بدون إذن أو أي إعلام مُسبق. هم يملكون الحق في حرّية إختيار التعليم والوظيفة، ولا يُجبر فرد في المجتمع على عمل معيّن.

und keiner darf zu einer bestimmten Arbeit gezwungen werden.

Vor dem deutschen Gesetz sind alle Menschen gleich. „Niemand darf wegen seines Geschlechtes, seiner Abstammung, seiner Rasse, seiner Sprache, seiner Heimat und Herkunft, seines Glaubens, seiner religiösen oder politischen Anschauungen benachteiligt oder bevorzugt werden. Niemand darf wegen seiner Behinderung benachteiligt werden" (GG Art. 3). Die vollständige Gleichberechtigung von Mann und Frau ist ein wichtiges Ziel, das im Alltag noch nicht überall erreicht wird.

All die genannten Freiheiten finden immer dort ihre Grenzen, wo sie die Freiheiten und Rechte anderer Menschen einschränken oder verletzen. Das Recht auf freie Meinungsäußerung gilt zum Beispiel nur, wenn durch diese Äußerung nicht die persönliche Ehre eines Anderen verletzt wird. Und keine dieser Freiheiten darf dazu genutzt werden, die freiheitlich demokratische Grundordnung zu bekämpfen.

In einem freien Land wie Deutschland zu leben ist aber auch mit Verantwortung und Pflichten verbunden. Freiheit bedeutet große Verantwortung für die Entfaltung des eigenen Lebens. Und Freiheit fordert ein hohes Maß an Respekt und Toleranz gegenüber den anderen Menschen. Auch wenn es manchmal schwierig und anstrengend sein kann, die Lebensweise und die Ansichten der Anderen zu tolerieren, so ist es doch die grundlegende Bedingung für die freiheitliche Ordnung eines demokratischen Staats.

Deshalb wird von jedem in Deutschland lebenden Menschen erwartet, dass er die unantastbare Würde eines jeden Menschen achtet.

في الدستور الألمانيّ يتساوى كل أفراد المجتمع، إذ تنصّ المادة الثالثة من الدستور على ما يلي: »لا يُضطهد أي إنسان أو يُفضّل على الآخرين بسبب جنسه أو نسبه أو عرقه أو لغته أو موطنه أو أصله أو ديانته أو بسبب آرائه الدينية أو السياسة. لا يُضطهد إنسان بسبب أي إعاقة جسديّة«. المساواة الكاملة بين الرجل والمرأة هدف مهم يسعى المجتمع الألماني إلى تحقيقه في الحياة اليومية وعلى جميع الأصعدة.

جميع الحرّيات المنصوص عليها في القانون تنتهي بمجرد تعديها على حرّيات الآخرين، أو حتى تقييدها لهذه الحرّيات. حرّية التعبير عن الرأي مكفولة فقط ما دام هذا التعبير لا يمِسّ على سبيل المثال بكرامة إنسان آخر. ويُمنع إستخدام هذه الحرّيات في محاربة النظام الديمقراطيّ الأساسيّ الحرّ للدولة، أو لمحاربة نظام التعايش السلميّ بيْن سكان هذا البلد، على الرغم من إختلافاتهم.

ولكن الحياة في بلد ديمقراطيّ مثل ألمانيا مرتبطة أيضاً بواجبات ومسؤوليات. الحرّية تعني أيضاً مسؤوليّة كبيرة لإزدهار حياة الفرد، وتتطلب أيضاً قدراً كبيراً من الإحترام والتسامح إتجاه الآخرين. حتى وإنْ كان من الصعب في بعض الأحيان تقبّل نمط حياة وآراء الآخرين، إلاّ أنَّ ذلك يُعد متطلباً أساسيّاً لتفعيل هكذا نظام حرّ لبلدٍ ديمقراطيّ كألمانيا.

ولذلك يُتطلّب من كل شخص يعيش في ألمانيا المحافظة على كرامة الآخرين وقدسيّتها.

Wichtige Links*

– **Grundgesetz / الدستور الألماني**

* Die Links zu weiterführenden Quellen und Anlaufstellen sind aus Platzgründen auf allgemeine und überregionale Informationen beschränkt. Auf den Seiten der Bundesländer und Städte sind zahlreiche weitere Angebote zu finden.

## 2. Religionsfreiheit

Deutschland ist ein säkularer Staat, und es gibt keine vom Staat vorgeschriebene Religion. Denn neben den bereits genannten Grundrechten steht auch die Religionsfreiheit in Deutschland unter einem besonderen Schutz. „Die Freiheit des Glaubens, des Gewissens und die Freiheit des religiösen und weltanschaulichen Bekenntnisses sind unverletzlich" (GG Art. 4), und jeder hat das Recht auf die ungestörte Ausübung seiner Religion.

Erlaubt sind allerdings nur jene Riten, Handlungen und Lebensweisen, die nicht im Widerspruch zur deutschen Verfassung oder anderen deutschen Gesetzen stehen. Und auch hier bedingt die eigene Freiheit immer auch den Respekt und die Toleranz gegenüber Andersgläubigen und Nichtgläubigen.

Es gibt viele rechtliche Einzelfragen zur Praxis nichtchristlicher Religionen in Deutschland, zu denen die jeweiligen religiösen Gemeinschaften oder die deutschen Behörden Auskunft geben können (z. B. Beschneidung, Schächten, Anerkennung polygamer Lebensformen nach islamischem Recht).

Wichtige Links

– **Beschneidung / الختان**
https://dejure.org/gesetze/BGB/1631d

**روابط مهمة***

ع https://www.bundestag.de/grundgesetz

* تم إقتصار الروابط على أهم العناوين والمواقع على شبكة الإنترنت، و المتعلقة فقط المواضيع المذكورة، وذلك بسبب صغر حجم الكتاب. على صفحات والمواقع الرئيسية للولايات والمدن الألمانية تتوفر روابط أخرى كثيرة متعلقة بجميع المعلومات التي تهم اللآجئ.

## ٢. حرّية الأديان

ألمانيا بلد علمانيّ، ولا تفرض الدولة إتباع ديانة معيّنة، ولذلك ينصّ الدستور الألماني إلى جانب الحرّيات المذكورة على حرّية العقيدة، وتتمتع هذه الحرّية بحماية خاصة في الدستور الألماني: »لا تنتهك الحرّية الدينية وحرّية العقيدة وحرّية المعتقدات الدينية والمذهبية« (المادة ٤ من الدستور). كل فرد في المجتمع الألماني يملك الحق في ممارسة شعائره الدينية من دون مضايقات.

الشعائر والأعمال الدينية وأنماط الحياة الدينية المسموح بها في ألمانيا هي فقط تلك التي لا تتعارض مع نصوص الدستور الألماني أو القوانين الألمانية الأخرى. الحرّية الدينية تتطلب في المقابل إحترام وتقبّل الديانات الأخرى ومعتنقيها، وكذلك إحترام من لا يؤمنون بتاتاً بالديانات وتقبّلهم.

هناك مسائل عديدة متعلقة بممارسة أمور دينية غير الدين المسيحي في ألمانيا، مثل مسائل الخِتان والنحر أو موضوع تعدد الزوجات في الدين الإسلاميّ والإعتراف به. يمكن الحصول على معلومات متعلقة بمثل تلك الموضوعات من المراكز الدينية والدوائر الحكومية المتخصّصة.

**روابط مهمة**

– **Schächten / النحر**
https://dejure.org/gesetze/TierSchg/4
– **Bigamie und Polygamie / تعدد الأزواج**
https://dejure.org/gesetze/StGB/172

## 3. Recht und Gesetz

Für den Schutz und die Durchsetzung von Recht und Gesetz sind in Deutschland ausschließlich die Polizei und die Justiz, also die Gerichte, zuständig.

Die Polizei kümmert sich zum einen darum, dass die öffentliche Sicherheit und Ordnung gewahrt bleiben. Zum anderen hat sie die Aufgabe, Straftäter zu verfolgen und durch polizeiliche Ermittlungen Straftaten aufzuklären.

Die Justiz ist verantwortlich dafür, die Rechte der Menschen zu schützen und darüber zu urteilen, ob ein Unrecht begangen wurde und mit welcher Strafe es geahndet werden soll.

Das deutsche Recht unterscheidet zunächst zwischen Ordnungswidrigkeiten und Straftaten. Ordnungswidrigkeiten sind geringfügige Vergehen, die mit einem Bußgeld geahndet werden. Straftaten sind dagegen schwerwiegende Gesetzesverstöße, die mit hohen Geld- oder auch Gefängnisstrafen belegt werden können. Die Todesstrafe wurde 1949 (bzw. 1987 in der DDR) abgeschafft.

Nur die Richter der deutschen Justiz dürfen also ein Urteil darüber fällen, ob jemand gesetzeswidrig gehandelt hat, und bestimmen, ob und in welcher Form er bestraft wird. Wer eigenmächtig einen Menschen verurteilt und bestraft, handelt im Sinne der Selbstjustiz und begeht damit nach deutschem Recht selbst eine Straftat.

Es steht jedem frei, anderer Meinung zu sein, die geltenden Gesetze für falsch zu halten und dies auch öffentlich auszusprechen. Dennoch ist jeder, der in Deutschland leben möchte, dazu verpflichtet, sich an Recht und Gesetz zu halten.

Gerade für Menschen, in deren Heimatland andere Gesetze und Regeln als in Deutschland gelten, kann dies manchmal zu Konflikten führen. Wenn jemand zum Bespiel durch das Verhalten eines anderen die Ehre seiner Familie

## ٣. النظام والقانون

جهاز الشرطة والقضاء (المحاكم) في ألمانيا هما فقط المخوّلان بفرض النظام والمحافظة على تطبيق القوانين.

الشرطة تحافظ من جهة على الأمن العام والنظام، وتعمل من جهة أُخرى على ملاحقة المجرمين والكشْف عن الجرائم من خلال التحقيقات الجنائية.

أما القضاء فهو مسؤول عن حماية الحقوق المدنية للمواطنين، وكذلك إصدار الأحكام في حال وقوع تعد على هذه الحقوق، ومعاقبة مُرتكبي الجنايات بعقوبات مناسبة.

القانون الألمانيّ يُميّز بين مخالفات النظام والجنايات. مخالفة النظام العام تترتب عليها غرامات ماليّة تتناسب مع طبيعة المخالفة، بالمقابل تُعتبر الجناية مخالفة قانونية جسيمة في نظر القانون ويُعاقَب عليها إما بمبالغ ماليّة كبيرة أو بالسجن. عقوبة الإعدام تم إلغائها من قانون العقوبات في عام ١٩٤٨م (١٩٨٧م في ألمانيا الشرقيّة).

القضاة هم فقط المخوّلون بإصدار الأحكام في القضايا، وبتجريم المتهم في حال إثبات مخالفته للقانون، وهم فقط من يقرّرون إنزال العقوبة بالمتهم، وهم من يحدّدون نوع تلك العقوبة. من يتصرّف من تلقاء نفسه وبشكل إستبدادي ويحكم على إنسان آخر ويعاقبه، يرتكب بذلك جريمة حسب القانون الألماني ويُعرّض نفسه للمساءلة القانونية.

يحق للفرد في المجتمع الألماني أن يكون رأيه مختلفاً عن رأي الآخرين، ويصنّف بالتالي القوانين السائدة على أنها خاطئة، ويحق له أيضاً التعبير عن رأيه هذا بكل حرّية، لكن على كل إنسان يعيش في ألمانيا الإلتزام بهذه القوانين والمحافظة على النظام العام.

قد يتسبب الإلتزام بهذه القوانين ببعض المشاكل وبالأخص للأجانب، الذين تحكم بلادهم أنظمة وقوانين مختلفة عن القوانين الألمانية. فإذا رأى أحدهم على سبيل المثال أنّ تصرّف شخص ما تسبب في جرح كرامة

verletzt sieht, derjenige aber nicht gegen deutsche Gesetze verstoßen hat, so wird kein Polizist oder Richter gegen dieses Verhalten vorgehen. Es steht aber auch niemand anderem zu, dieses Verhalten in welcher Form auch immer zu bestrafen.

Umgekehrt kann es auch sein, dass bestimmte Traditionen oder Verhaltensweisen in der Heimat erlaubt waren, wie die Zwangsverheiratung oder die Heirat von mehreren Frauen, die hier jedoch verboten sind. Da in Deutschland jeder Mensch, egal ob Frau oder Mann, frei und gleich an Rechten ist, kann zum Beispiel auch jeder frei darüber entscheiden, welchen Partner er wählen möchte. Eine Zwangsverheiratung durch die Familie ist daher verboten und wird mit bis zu 5 Jahren Gefängnis bestraft.

Das Recht auf körperliche Unversehrtheit gilt auch innerhalb der Familie. In Deutschland wird sehr darauf geachtet, dass dieses Recht insbesondere gegenüber Frauen und Kindern eingehalten wird. Daher darf innerhalb der Familie keine körperliche Gewalt angewandt werden. Seinen Ehepartner zu schlagen, ist in Deutschland seit 1928 verboten. Das Züchtigungsrecht der Eltern gegenüber ihren Kindern wurde erst im Jahr 2000 abgeschafft. Seitdem haben Kinder das Recht auf gewaltfreie Erziehung.

Die einzigen in Deutschland legalen Drogen sind Alkohol und Nikotin. Alle anderen Drogen sind verboten, und ihr Besitz und der Handel mit ihnen ist strafbar.

Bier, Wein und Schaumwein dürfen ab dem 16. Lebensjahr erworben und konsumiert werden, alle anderen alkoholischen Getränke erst ab Vollendung des 18. Lebensjahrs. Der Erwerb und Konsum von Tabakwaren ist grundsätzlich Erwachsenen vorbehalten, die das 18. Lebensjahr vollendet haben. Das Rauchen ist allerdings fast ausschließlich in privaten Räumen und im Freien erlaubt. In allen öffentlichen

عائلته، ولكن تصرّف هذا الشخص لا يُخالف القوانين الألمانية، فهنا لا يستطيع أي شُرطي أو قاضي عمل أي إجراء قانوني ضد هذا الشخص الآخر، لعدم وجود المخالفة. لذلك لا يحق لأي إنسان أنْ يعاقِب مثل هذه التصرّفات بأي شكل كان ولا بأي حال من الأحوال.

على العكس من ذلك قد تكون بعض التصرّفات والعادات المسموحة في البلدان الأخرى ممنوعة منعاً باتاً في ألمانيا، مما يُعرّض مُمارسيها للعقوبة، مثل إرغام الأبناء أو البنات على الزواج، أو تعدد الزوجات. بما أن كل إنسان حُرّ في تصرفاته رجلاً كان أو إمرأة، ويملك نفس الحقوق، فإنه بالتالي حُرّ في إختيار شريك حياته، لذلك يُعد إرغام الأبناء والبنات على الزواج جريمة يُعاقِب عليها القانون الألماني بعقوبة سجن تصل لمدة أقصاها خمس سنوات.

حق الحفاظ على سلامة البدن والحماية من أي أذى مكفول حتى داخل الأسرة. هذا الحق مكفول في الدستور الألماني تماماً، وبالأخص للنساء والأطفال. ولذلك يمنع إستخدام العنف ضد أفراد الأسرة. منذ العام ١٩٢٨م مُنع ضرب الزوج في ألمانيا. وفي عام ٢٠٠٠م تم إلغاء حق تعنيف الآباء لأبنائهم من القانون، ولذلك يملك الأبناء الآن الحق على الآباد في تربية خالية من العنف.

المشروبات الكحولية ومادة النيكوتين هما المُخدّر الوحيد المسموح في ألمانيا. أنواع المخدّرات الأُخرى ممنوعة حسب القانون الألمانيّ. إمتلاكها أو المتاجرة فيها جناية يعاقِب عليها القانون.

يُسمح بشُرب البيرا والنبيذ لمن أكمل سن السادسة عشر من عمره، أما المشروبات الكحوليّة الأخرى فيُسمح بها بعد إتمام سن الثامنة عشر. تدخين السجائر مسموح به فقط للبالغين ممن أتم سن الثامنة عشر من عمره. ويُسمح بالتدخين فقط في الغرف الخاصّة والأماكن المفتوحة، ويُمنع منعاً باتاً في الأماكن العامة أو في المطاعم والمقاهي.

Gebäuden und auch in den meisten Restaurants und Cafés ist das Rauchen untersagt.

Wichtige Links

– **Polizei (länderübergreifend)** / الشرطة

http://www.polizei.de/

– **Rechtsanwaltsuche** / البحث عن محام

http://www.brak.de/fuer-verbraucher/anwaltssuche/;
https://anwaltauskunft.de/anwaltssuche/erweitert/

– **Bundesweites Hilfstelefon für Frauen in Gewalt** /
رقم هاتف لمساعدة المرأة في حالات تعرضها للعنف، صالح لكل الولايات

Kostenlose bundesweite Telefonnummer: 08000.116.016
https://www.frauen-gegen-gewalt.de/bundesweites-hilfetelefon.html GB

– **Jugendschutzgesetz** / قانون حماية القاصرين

http://www.bmfsfj.de/BMFSFJ/gesetze,did=5350.html

## 4. Illegale Einwanderung und Verstöße gegen das Aufenthaltsgesetz

Die Grenze nach Deutschland ohne Pass und gültiges Visum zu übertreten ist verboten. Dies gilt als unerlaubter Grenzübertritt und ist eine Straftat. Diese bleibt jedoch straffrei, wenn der Ausländer sich umgehend bei der Polizei oder der zuständigen zentralen Ausländerbehörde als asylsuchend meldet. Es ist daher unbedingt notwendig, sich sofort nach Ankunft in Deutschland als asylsuchend registrieren zu lassen.

Wer sich ohne Aufenthaltserlaubnis oder Visum und ohne einen Asylantrag zu stellen in Deutschland aufhält, gilt als illegaler Einwanderer und begeht eine Straftat, die mit bis zu einem Jahr Gefängnis bestraft werden kann. Das gilt auch

روابط مهمة

- **Beratungs- und Prozesskostenhilfe / إستشارات ومساعدات قانونيّة**

http://www.bmj.de/SharedDocs/Downloads/DE/Broschueren/DE/Beratungshilfe_Prozesskostenhilfe.pdf

- **Frauenrechte (Terre des Femmes) / حقوق المرأة**

http://www.frauenrechte.de/online/index.php

- **Hilfe vor Ort für Frauen in Gewalt (Adressen) / عنوانين لمؤسسات مساعدة المرأة في حالات تعرضها للعنف**

https://www.frauen-gegen-gewalt.de/hilfe-vor-ort.html GB

- **Schutz und Hilfe bei Gewalt für Frauen / مساعدة المرأة وحمايتها من العنف**

https://www.frauenhauskoordinierung.de/schutz-und-hilfe-bei-gewalt.html

- **Gesetze und Richtlinien bei unbegleiteten minderjährigen Flüchtlingen / قوانين حماية القاصرين الفاقدين لآبائهم من اللّاجئين**

http://www.b-umf.de/de/themen/gesetze-und-richtlinien F GB

## ٤. الهجرة غير الشرعية ومخالفة قوانين الإقامة

عبور الحدود بإتجاه ألمانيا بدون جواز سفر وتأشيرة دخول صالِحة ممنوع، ويُعتبر عبوراً غير شرعي، وبالتالي مخالفاً للقانون، ويترتب عليه عقوبة. يتفادى الأجنبي هذه المخالفة إذا قام بتبليغ الشرطة الألمانية أو دائرة الأجانب في المنطقة بوصوله وتقديم نفسه للسلطات على أنّه طالب لجوء. لذلك من المهم جداً وبعد الوصول إلى ألمانيا التوجه مباشرة للسلطات الألمانية لتسجيل ذلك رسمياً.

مَن يمكث في ألمانيا، بدون إقامة أو تأشيرة صالحة المدة، وبدون تقديم طلب لجوء، يُعتبر مهاجراً غير شرعي، ومُرتكباً لجناية، وبالتالي

für Ausländer, deren Asylantrag abgelehnt wurde und die zum Verlassen des Landes aufgefordert wurden.

In den meisten Bundesländern gilt eine räumliche Begrenzung der Aufenthaltsgestattung. Der Asylsuchende darf in der Zeit, in der sein Asylantrag bearbeitet wird, den Bezirk der für ihn zuständigen Behörde nicht verlassen. Tut er es doch, begeht er eine Ordnungswidrigkeit. Bei mehrmaligen Verstößen gegen diese Regelung gilt das Vergehen als Straftat.

**Wichtige Links**

– **Visabestimmungen / قوانين تأشيرات الدخول**
http://www.auswaertiges-amt.de/DE/EinreiseUndAufenthalt/Visabestimmungen_node.htm

– **Aufenthaltsrecht / قوانين الإقامة**
http://www.bmi.bund.de/DE/Themen/Migration-Integration/Aufenthaltsrecht/aufenthaltsrecht_node.html GB

– **Information für Rückkehrer / معلومات عن العودة إلى البلد الأصلي**
http://germany.iom.int/de/ GB

فهو مُعرَّض لعقوبة السجن لمدة تصل حتى سنة. هذا ينطبق أيضاً على الأجانب المرفوضة طلبات لجوئهم والمُطالبين بمغادرة البلاد.

في أغلب الولايات الألمانية يسود قانون الإقامة الجبرية على اللّاجئين، كل لاجئ مُلزم بالبقاء في مناطق المديرية التابعة لها دائرة الأجانب المسؤولة عن طلبه حتى يتم الإنتهاء من دراسة أوراقه. مُخالفة تلك التعليمات يُعد خرقاً لقوانين النظام العام، وتكرار هذا الخرق أكثر من مرة يعتبره القانون جناية ويُعرّض مُرتَكِبه للمساءلة القانونية.

روابط مهمة

– **Zuwandcrungsgesetz / قونين الهجرة**

http://www.auswaertiges-amt.de/DE/EinreiseUndAufenthalt/Zuwanderungsrecht_node.html ع

– **Gesetz zur Aufenthaltsgestattung / قوانين تصاريح الإقامة المُتعددة**

http://www.gesetze-im-internet.de/asylvfg_1992/__55.html

# Ankommen in Deutschland

## *Praktisches Wissen für die ersten Tage*

### 1. Einreise

Wer als Flüchtling nach Deutschland kommt, muss sich zuerst als Asylsuchender melden und registrieren lassen. Nur dann kann er die verschiedenen Hilfsangebote in Anspruch nehmen und einen Asylantrag stellen.

Nach deutschem Gesetz gilt es als unerlaubte Einreise, die Grenze nach Deutschland ohne Pass und gültiges Visum zu überqueren. Es kann daher sein, dass die Polizei an der Grenze oder auch im Inland eine Anzeige wegen unerlaubter Einreise aufnimmt. Gemäß der Genfer Flüchtlingskonvention bleibt diese jedoch straffrei, wenn sich der Flüchtling umgehend bei den Behörden als Asylsuchender registrieren lässt.

*ACHTUNG: Wer sich nicht registrieren lässt, hält sich illegal in Deutschland auf und begeht eine Straftat!*

### 2. Unterkunft, Essen, Kleidung

Der erste Weg führt entweder zur Polizei, die über die nächstgelegene Erstaufnahmeeinrichtung informiert, oder man wendet sich direkt an eine solche Einrichtung. Hier bekommen die Flüchtlinge einen Schlafplatz, Essen und eine Erstausstattung zur Körperpflege. Da viele der Asylsuchen-

# الوصول إلى ألمانيا

## معلومات وإرشادات عملية للأيام الأولى في ألمانيا

### ١. دخول البلاد

من يدخل ألمانيا كلاجئ يجب عليه وبمُجرد الوصول تقديم نفسِه كطالب لجوء عند السلطات المعنيّة، والقيام بتسجيل بيناته. فقط بهذه الطريقة وبعد عمليّة تسجيل صحيحة يملك اللّاجئ الحق في الإستفادة من الخدمات والمساعدات الأساسية المتنوعة التي تقدمها الدولة، وبالتالي تقديم طلب اللّجوء.

بحسب القانون الألماني يُعتبر عبور الحدود بإتجاه الأراضي الألمانية بدون جواز سفر وتأشيرة دخول صالحة، دخولاً غير شرعي ومخالفاً للقانون، لذلك قد تقوم الشرطة الألمانية عند الحدود أو في داخل البلاد بتقديم شكوى في حق اللّاجئ بسبب الدخول غير الشرعي. ولكن وبحسب إتفاقية جنيف للّاجئين لا يترتب على هذه المخالفة أية عقوبة، إذا قام اللّاجئ وبدون تأخير بتسجيل نفسه كطالب لجوء عند الدوائر الحكومية المعنيّة بالأمر.

> تنبيه: اللّاجئ الذي لا يقوم بإعلام السلطات بقدومه وبستجيل نفسه كطالب لجوء يُعتبر مخالف لقوانين الإقامة واللّجوء، ويُعرّض نفسه للمساءلة القانونية.

### ٢. المأوى والغِذاء والملبس

الطريق الأول يقود إما إلى الشرطة، التي بدورها تقوم بتقديم المعلومات عن أقرب مركز لإيواء اللّاجئين، أو يتوجه اللّاجئ مباشرةً إلى تلك المراكز. هنا يحصل اللّاجئ على مأوى وغِذاء ولوازم أولية لتنظيف الجسم. بما أنَّ الكثير من طالبي اللّجوء هم من أتباع الدين الإسلاميّ، يتم

den Muslime sind, wird darauf geachtet, dass die angebotenen Mahlzeiten den islamischen Speisegesetzen entsprechen.

Sollte in der Unterkunft kein Platz mehr sein, werden die Mitarbeiter sich bemühen, einen freien Platz in einer anderen Einrichtung zu finden. Da seit 2014 sehr viele Flüchtlinge nach Deutschland kommen, gibt es neben den Erstaufnahmeeinrichtungen inzwischen zahlreiche Notunterkünfte, in denen die Asylsuchenden vorerst wohnen und essen können.

Häufig handelt es sich dabei um Turnhallen, Messehallen oder auch Zelte, in denen viele Frauen, Männer und Kinder verschiedenster Nationalitäten und Religionen auf engem Raum miteinander leben und auskommen müssen. Es wird von den Flüchtlingen erwartet, dass sie mit Respekt und Toleranz miteinander umgehen und den in Deutschland geltenden Normen und Werten entsprechen.

In den meisten Unterkünften gibt es Kleiderkammern, in denen die Flüchtlinge sich mit dem Nötigsten ausstatten können. Sollte dies nicht der Fall sein, wissen die Mitarbeiter, welche gemeinnützigen Organisationen in der Nähe über eine Kleiderkammer verfügen.

---

Wichtige Links

- **Pro Asyl (Was passiert nach der Ankunft) /**
**(جمعية من أجل اللاّجئ الخيرية (معلومات للّجئ بعد الوصول إلى المانيا**
http://www.proasyl.de/de/themen/ GB
- **Unterkunft für Frauen / مأوى للنساء**
http://www.frauenhauskoordinierung.de/frauenhaussuche.html

---

مراعاة القوانين المتبعة في الإسلام فيما يتعلق بالأكل، ولذلك تُقدم وجبات طعام تتفق مع قوانين هذه الشريعة.

في حال عدم توفر أماكن لإيواء لاجئين جُدد في مركز ما، يبذل العاملون في المركز كل جهد لتوفير هذه الأماكن في مراكز إيواء أخرى. بسبب موجات اللّجوء الكبيرة منذ عام ٢٠١٤م يوجد إلى جانب مراكز إيواء اللاّجئين الرسمية أماكن ومخيمات عديدة مؤقته، لإستيعاب هذه الكميات الكبيرة من اللاّجئين، وتقديم المستلزمات الرئيسية لهم.

كثيراً ما تكون هذه الأماكن المؤقته عبارة عن صالات للألعاب الرياضية أو قاعات معارض أو حتى خِيَم، يمكث فيها اللاّجئون مع بعضهم البعض وبشكل مختلط، رجالاً ونساء وأطفالاً ومن أديان وجنسيات مختلفة. لذلك ينبغي على اللاّجئين جميعاً إبراز قدر عالي من الوعي، وأنْ يتقبلوا بعضهم البعض بالرغم من الإختلافات، وأنْ يكون الإحترام المتبادل أساس التعامل فيما بينهم، وبما يتفق مع القيم والقوانين السائدة في ألمانيا.

في أغلب مراكز الإيواء يوجد كذلك مخازن صغيرة للملابس، يمكن للاّجئ الحصول على ما يلزمه منها. إذا لم تتوفر هذه المخازن في مركز ما، في هذه الحالة يقوم العاملون في المركز على إرشاد اللاّجئين وإعلامهم بمكان أقرب مؤسسة للنفع العام تحتوي على هكذا مخازن.

---

**روابط مهمة**

– **Unterkunft / المأوى**
https://www.caritas.de/hilfeundberatung/ratgeber/wohnungslosigkeit/lebenaufderstrasse/ GB
– **Kleidung / ملابس**
http://www.drk.de/angebote/hilfen-in-der-not/kleiderkammern.html

---

## 3. Registrierung als Asylsuchender

Der nächste wichtige Schritt ist die Registrierung bei der Zentralen Ausländerbehörde. Diese Behörde hat in den einzelnen Bundesländern unterschiedliche Namen. Die Mitarbeiter in der Erstaufnahmeeinrichtung informieren darüber, wo sich die zuständige Behörde befindet und zu welchen Zeiten sie geöffnet hat. Ist für den Weg dorthin die Nutzung öffentlicher Verkehrsmittel notwendig, werden in der Regel Fahrscheine zur Verfügung gestellt. Auch hier ist zu beachten: Aufgrund des großen Zustroms an Flüchtlingen nach Deutschland kann es an manchen Orten mehrere Tage oder sogar Wochen dauern, bis eine Registrierung erfolgt.

Bei der Zentralen Ausländerbehörde werden alle persönlichen Daten aufgenommen und ein Dokument mit dem Foto des Asylsuchenden erstellt, das als vorläufiges Ausweisdokument dient. Zudem findet eine ärztliche Untersuchung statt, bei der geprüft wird, ob der Flüchtling ärztliche Versorgung benötigt oder möglicherweise eine ansteckende Krankheit hat, mit der er andere infizieren könnte.

Nach der Registrierung erhält der Asylsuchende die sogenannte Grüne Karte, mit der er eine ärztliche Grund- und Notfallversorgung in Anspruch nehmen kann. Zudem hat er weiterhin Anspruch auf Unterkunft, Nahrung, Kleidung und das zur Körper- und Gesundheitspflege Nötige. Ebenso erhält er monatlich meist Wertgutscheine, teils auch Geldbeträge in bar für die persönlichen Bedürfnisse des täglichen Lebens.

*ACHTUNG: Diese Registrierung ist unbedingt notwendig, aber damit ist der Asylantrag noch nicht gestellt!*

In manchen Bundesländern kommen sehr viel mehr Flüchtlinge an als in anderen. Damit alle Flüchtlinge betreut

### ٣. التسجيل عند السلطات الألمانية كطالب لجوء

الخطوة التالية هي التسجيل في مكاتب إدارة شؤون الأجانب. تُسمى هذة الدوائر بمسميات متعددة في مختلف الولايات الألمانية. العاملون في مراكز إيواء اللاّجئين يقدمون المعلومات الضرورية، التي تتعلق بمكان ومواعيد الدوام الرسمية لدوائر شؤون الأجانب. إذا تطلب الطريق إلى هذه الدوائر إستخدام مواصلات النقل العامة، ففي هذه الحالات توفّر المراكز تلك التذاكر اللازمة لإستخدام المواصلات. بسبب موجات اللّجوء الكبيرة التي إستقبلتها ألمانيا في الآونه الأخيرة، تحتاج إجراءات التسجيل في بعض المناطق إلى وقت أطول يصل إلى أيام أو حتى إلى أسابيع.

عند التسجيل في دوائر شؤون الأجانب يتم أخذ جميع البيانات الشخصية، ويُصْدر للاّجئ بطاقة تعريف شخصيّة، تحتوي على صورة شخصية لصاحب البطاقة، وتُعد هذه الوثيقة مؤقته. يخضع اللاّجئ إلى فحص طبي، يتم من خلاله معرفة ما إذا كان اللاّجئ بحاجة إلى رعاية صحيّة، وكذلك يتم الكشف المبكر من خلال هذا الفحص عن وجود أمراض معدية للحيلولة دون إنتشارها بيْن اللاّجئين، ما إذا وجدت.

يحصل اللاّجئ بعد عملية التسجيل هذه على ما يُسمى بالبطاقة الخضراء، التي يستطيع من خلالها الحصول على الرعاية الصحّية والدواء عند اللزوم. كذلك يحصل اللاّجئ إلى جانب المأوى والغذاء ومستلزمات تنظيف الجسم على مبلغ شهري يُدفع له على شكل قسائم شِرائية وقسماً يحصل عليه اللاّجئ نقداً، لتوفير إحتياجاته اليومية الأخرى.

> تنبيه: هذا التسجيل ضروري ومهم، ولكنه لا يغني عن تقديم طلب اللجوء.

بعض الولايات الألمانية تستقبل أعداد لاجئين أكبر من تلك التي تستقبلها ولايات أُخرى. حتى يتم إستيعاب هذه الكميات الكبيرة من

werden können, werden sie nach einer bestimmten Berechnungsgrundlage („Königsteiner Schlüssel") auf die 16 Bundesländer Deutschlands verteilt. Nach der Registrierung erfolgt die offizielle Zuweisung zu einer Erstaufnahmeeinrichtung. Das kann die Unterkunft sein, in welcher der Asylsuchende bereits wohnt, es kann aber auch sein, dass er in eine andere Stadt oder sogar in ein anderes Bundesland umziehen muss. In einem solchen Fall übernimmt die Behörde die Kosten des Transports.

*ACHTUNG: Auch wenn es mit Unannehmlichkeiten verbunden ist: Der Asylsuchende muss diesen Weg auf sich nehmen und in die zugewiesene Unterkunft umziehen, da er nur an diesem Ort seinen Asylantrag stellen kann. Auch die genannten Sach- und Geldleistungen stehen ihm nur dort zur Verfügung. Außerdem sollte er für die Mitarbeiter der Unterkunft regelmäßig erreichbar sein, da ihm nur auf diesem Weg Dokumente der Behörden zugestellt und Termine mitgeteilt werden können!*

Wichtige Links

- **Bundesamt für Migration und Flüchtlinge (BAMF)** /
  **المكتب الإتحادي للهجرة وشؤون اللاّجنين**

https://www.bamf.de/DE/Startseite/startseite-node.html GB
https://www.bamf.de/DE/Willkommen/InformationBeratung/informationberatung-node.html

- **Asylverfahrensgesetz** / **قوانين اللّجوء والخطوات المُتبعة**

http://www.gesetzesweb.de/AsylVfG.html

## 4. Asylantrag

Die für den Asylantrag zuständige Behörde ist das Bundesamt für Migration und Flüchtlinge (BAMF). Mit der Registrierung bei der Zentralen Ausländerbehörde wird auch ein

اللاّجئين، يتم توزيع اللاّجئين على جميع الولايات بالتساوي إعتماداً على عمليات حسابية محددة، تراعي ظروف كل ولاية، وذلك حسب الإتفاقية الموقعة في مدينة كونغشتاين الواقعة في ولاية هِسن. بعد التسجيل تتم عملية التوزيع الرسمي على مراكز إيواء اللاّجئين. قد يبقى اللاّجئ في نفس المركز أو يتم نقله إلى مركز آخر في مدينة أخرى، أو حتى في ولاية أُخرى. وفي مثل تلك الحالات تتكفل دائرة شؤون الأجانب بنفقات النقل.

تنبيه: حتى لو كان أمر النقل مصحوب بمضايقات، إلاّ أنّه من الضروري تقبل هذا الأمر من قِبَل اللاّجئ، والإنتقال إلى المكان المحدد من طرف الدائرة، لأنَّ اللاّجئ لا يستطيع تقديم طلب اللّجوء إلا في المكان المحدد له. جميع المستحقات تتوفر له في المركز الجديد أيضاً. بالإضافة إلى ذلك لا بُدّ من توفير الإمكانيّة للعاملين في مراكز الإيواء في التواصل مع اللاّجئين، حتى يتم إعلامهم بالمستجدات المتعلقة بطلبات لجوئهم.

**روابط مهمة**

- **The UN Refugee Agency (UNHCR) /**
  **المفوضية العليا للأمم المتحدة لشؤون اللاّجئين**

http://www.unhcr.org — GB F

http://www.unhcr-arabic.org — ع

## ٤. تقديم طلب اللّجوء

الجهة المسؤولة عن إستقبال طلبات اللّجوء هو المكتب الإتحادي للهجرة وشؤون اللاّجئين. بمجرد التسجيل في دائرة شؤون الأجانب يتقدم اللاّجئ بطلب موعد مع المكتب الإتحادي للهجرة وشؤون اللاّجئين، لتقديم طلب

Termin bei der zuständigen Außenstelle des BAMF beantragt. Momentan ist damit zu rechnen, dass man einige Wochen auf diesen Termin warten muss. Daher ist es umso wichtiger, unbedingt pünktlich und mit vollständigen Unterlagen zu diesem Termin zu erscheinen.

Für den Asylantrag werden erneut alle Daten des Asylsuchenden aufgenommen, er wird noch einmal fotografiert, und von allen Personen über 14 Jahre werden Fingerabdrücke abgenommen. Diese werden mit einer europaweiten Datenbank abgeglichen, um festzustellen, ob die Person bereits in einem anderen europäischen Land einen Asylantrag gestellt hat.

Der Asylsuchende erhält nun eine Aufenthaltsgestattung, die ihm erlaubt, sich während des laufenden Asylverfahrens in Deutschland aufzuhalten. In vielen Bundesländern ist diese Gestattung auf den Bezirk beschränkt, in dem sich die Unterkunft des Asylsuchenden befindet. Er darf diesen Bezirk also nicht verlassen!

*ACHTUNG: Die Aufenthaltsgestattung ist keine Arbeitserlaubnis. Asylsuchende dürfen in den ersten drei Monaten der Gestattung überhaupt nicht arbeiten und danach nur, wenn Sie eine Arbeitserlaubnis erhalten. Gehen sie ohne Arbeitserlaubnis einer bezahlten Tätigkeit nach, gilt dies nach deutschem Gesetz als Schwarzarbeit und ist strafbar. Der deutsche Zoll führt regelmäßige Kontrollen auf der Suche nach Schwarzarbeitern durch.*

## 5. Persönliche Anhörung

Wenn das BAMF den Asylantrag nicht als offensichtlich unbegründet ablehnt, erfolgt die Terminvergabe für die persönliche Anhörung. Es können erneut Wochen, manchmal auch Monate vergehen, bis ein Termin verfügbar ist.

اللّجوء. وبسبب موجات اللّجوء الكبيرة ينتظر اللاّجئ بضعة أسابيع للحصول على هذا الموعد، لذلك من المهم جداً تجهيز جميع الأوراق الرسمية اللازم إرفاقها مع طلب اللّجوء، والأهم من ذلك ضرورة الإلتزام بالموعد المُحدد وتجنب التأخير.

لطلب اللّجوء تُؤخذ البيانات الشخصية من اللاّجئ مرةً أُخرى، كذلك يتم تصوير اللاّجئ للحصول على صور شخصيّة، وتُؤخذ بصمات أصابع اليَد من كل لاجئ تعدى سن الرابعة عشر من عمره. ويتم مُقارنة هذه البصمات عن طريق بنك معلومات ضخم وعلى مستوى الإتحاد الأوروبي، للتأكد من أنَّ صاحب البصمات لم يُقدم طلب لجوء آخر في أي من الدول الأوروبية.

يحصل طالب اللّجوء بعد ذلك على إذن إقامة مؤقت، يسمح له بالإقامة في ألمانيا، حتى يتم دراسة طلبه في اللّجوء والبتّ في أمره رفضاً أو قبولاً. في كثير من الولايات الألمانية يقتصر إذن الإقامة المؤقت على المنطقة الواقع فيها مركز الإيواء فقط، بذلك لا يُسمح للاّجئ بمغادرة تلك المنطقة.

> تنبيه: إذن الإقامة المؤقت لا يُعتبر تصريح عمل. لا يُسمح لطالبي اللّجوء خلال الأشهر الثلاثة الأولى من إقامتهم في ألمانيا بالعمل نهائياً، أما بعد هذه المدة فيُسمح بالعمل فقط للحاصلين على تصاريح عمل. مُزاولة أي عمل مدفوع الأجر بدون التصريح اللازم لذلك يُعتبر مُخالفاً لقوانين العمل، ويُعرِّض اللاّجئ للمساءلة القانونية. موظفو الجمارك يقومون بجولات تفتيشية بشكل مستمر، للبحث عن عُمّال مخالفين.

## ٥. المقابلة الشخصية

إذا لم يتم رفض طلب اللّجوء من قِبَل المكتب الإتحادي للهجرة وشؤون اللاّجئين لعدم قيام الأسباب، في هذه الحالة يتم تحديد مواعيد لجلسات الإستماع. قد يستغرق الأمر عدة أسابيع أو أشهر، حتى يحصل اللاّجئ على موعد لأولى جلسات الإستماع.

Bei der persönlichen Anhörung muss der Asylsuchende alle Gründe vortragen, warum er in seinem Heimatland politisch verfolgt wird, und dies nach Möglichkeit auch durch Dokumente oder andere Nachweise belegen.

Die Anhörung ist nicht öffentlich, und alles Besprochene wird streng vertraulich behandelt. Beteiligt sind nur der Asylsuchende, ein Mitarbeiter des BAMF und ein Dolmetscher. Der Asylsuchende kann sich während des Verfahrens und der Anhörung von einem Anwalt unterstützen lassen, den er aber selbst bezahlen muss. Auf Wunsch des Asylsuchenden kann auch ein Vertreter des UN-Flüchtlingskommissariats (UNHCR) an der Anhörung teilnehmen.

Es gibt drei Gründe, warum Ausländern in Deutschland eine Aufenthaltserlaubnis zu ihrem Schutz erteilt werden kann. Sie können 1.) als Flüchtlinge anerkannt werden, 2.) als Asylberechtigte anerkannt werden, oder es wird ihnen 3.) subsidiärer Schutz (mit Befristung bzw. unter Vorbehalt) gewährt. Von der Art der Schutzbedürftigkeit hängt ab, für welche Dauer eine Aufenthaltserlaubnis erteilt wird.

1. Als Flüchtling gilt, wer sich in seinem Heimatland aufgrund seiner Rasse, Religion, Nationalität, politischen Überzeugung, Zugehörigkeit zu einer bestimmten sozialen Gruppe oder sexuellen Orientierung begründet vor Verfolgung fürchtet.

2. Als Asylberechtigter gilt, wer bei Rückkehr in sein Heimatland aus denselben Gründen um Leib, Leben und Freiheit fürchten muss und innerhalb seines Heimatlandes keine Flucht- oder Schutzmöglichkeit hat.

3. Subsidiärer Schutz wird Menschen gewährt, die in ihrem Heimatland ernsthaften Schaden fürchten müssen. Darunter versteht man die Verhängung oder Vollstreckung der Todesstrafe, Folter, unmenschliche oder erniedrigende Be-

في جلسات الإستماع هذه، يشرح اللاّجئ أسباب طلبه للّجوء، وبالأخص الأسباب التي أدت إلى ملاحقته سياسياً من قِبَل سلطات بلده، الهارب منه. في بعض الحالات يُطلب من اللاّجئ إحضار وثائق أو أدلة معينة تُثبت مصداقية أقواله.

هذه الجلسات هي جلسات مغلقة، لا يحضرها بجانب اللاّجئ إلاّ موظف المكتب الإتحادي للهجرة وشؤون اللاّجئين ومترجم. يحق لطالب اللّجوء توكيل محامٍ على نفقته الشخصية، لمتابعة القضية وحضور جلسات الإستماع والإستفادة من خبراته القانونية. يمكن أيضاً لممثل المفوضية العليا للأمم المتحدة لشؤون اللاّجئين حضور جلسات الإستماع، إذا رغِب طالب اللّجوء في ذلك.

هنالك ثلاثة أسباب يتم بناءً عليها السماح للأجانب، ولتوفير حماية لهم، في البقاء في ألمانيا، وبالتالي إصدار تصاريح إقامة لهم. (١) الشخص الباحث عن مأوى. (٢) الشخص الذي يملك حق اللّجوء، وتتوفر فيه شروط اللّجوء المنصوص عليها في ميثاق الأمم المتحدة. (٣) الأشخاص المحتاجون لمساعدة تتمثل في حمايتهم. وحسب ظرف اللاّجئ، وبناءً على أسباب لجوئه، يتم تحديد فترة الإقامة المسموح بها في ألمانيا.

١.) اللاّجئ حسب المواثيق الدولية، هو كل إنسان مُعرَّض في بلاده للإضطهاد والملاحقة، بسبب عِرقه، أو دينه، أو جِنسيته، أو أفكاره السياسية، أو إنتماءاته الفكرية والإجتماعية، أو بسبب ميوله الجنسية.

٢.) صاحب الحق في اللّجوء، هو كل إنسان يخشى عند عودته لبلده، على جسده، وحياته، وحريته، ولا يجد في بلاده المأوى والحماية اللازميْن، ولنفس الأسباب المذكورة سابقاً.

٣.) المساعدة في الحماية تشمل كل الأشخاص، الذين لاتتوفر فيهم شروط اللّجوء، ولا يملكون الحق فيه، ولكنهم وبسبب الأوضاع الأمنية المتردية، يواجهون في بلادهم مخاطر جسيمة، من بينها فرض قوانين ظالمة وحالات طوارئ، أو مواجهة عقوبة الإعدام، أو معاملة مُهينة

handlung oder Bestrafung sowie eine ernsthafte Bedrohung für Leib und Leben infolge willkürlicher Gewalt im Rahmen eines bewaffneten Konflikts, zum Beispiel eines Bürgerkriegs.

Armut, Naturkatastrophen oder mangelnde Perspektiven im Heimatland sind keine ausreichenden Gründe für die Erteilung einer Aufenthaltserlaubnis.

*ACHTUNG: Flüchtlingen, die aus sogenannten sicheren Herkunftsländern kommen, wird in Deutschland in aller Regel kein Asyl gewährt. Sichere Herkunftsländer sind alle Mitgliedsstaaten der Europäischen Union sowie Bosnien-Herzegowina, Serbien, Mazedonien, Albanien, Montenegro, Kosovo, Ghana und Senegal. Asylsuchende aus diesen Staaten müssen sehr gut nachweisen können, dass sie in ihrem Heimatland politisch verfolgt werden, ansonsten wird ihr Antrag als „offensichtlich unbegründet" abgelehnt und sie müssen Deutschland innerhalb einer Woche verlassen.*

Nach der Anhörung prüft das BAMF, ob ein ausreichender Asylgrund gegeben ist. In diesem Fall wird eine Aufenthaltsgenehmigung erteilt. Sollte dies nicht der Fall sein, wird der Antrag abgelehnt und der Asylsuchende aufgefordert, Deutschland zu verlassen. Der Asylsuchende hat bei einer Ablehnung die Möglichkeit, gegen diesen Bescheid zu klagen.

Unter bestimmten Umständen kann oder muss die Abschiebung von Asylsuchenden, deren Antrag abgelehnt wurde, ausgesetzt werden. Man spricht in diesem Fall von „Duldung". Der Asylsuchende hat dann zwar nach wie vor keine Aufenthaltserlaubnis, sein Aufenthalt in Deutschland gilt aber nicht als illegal.

Mögliche Gründe für eine solche Duldung liegen vor, wenn durch die Abschiebung die Regelungen der Europäi-

وغير إنسانية، أو تهديدات جدّية تهدد سلامة الجسم والحياة من قِبَل قوى إستبدادية ناجمة عن مواجهات مسلحة، كما هو الحال في المناطق الناشب فيها حروب أهلية.

الفقر والكوارث الطبيعية ونقص الآفاق المستقبلية في البلاد، كل هذه العوامل، وبالرغم من صعوبتها، إلا أنها أسباب غير كافية لقبول طلب اللّجوء.

تنبيه: طالبي اللّجوء، القادمين من مناطق آمنة، تُرفض بالعادة طلباتهم. المناطق الآمنة تشمل كل دول الإتحاد الأوروبي، والبوسنة والهرسك، وصربيا، ومقدونيا، وألبانيا ومونتينيغرو، وكوسوفو، وغانا، والسنغال. من الممكن أيضاً، أنْ تشمل هذه المناطق الآمنة قريباً كل من ألبانيا، ومونتنيغرو، وكوسفو. على طالبي اللّجوء، القادمين من هذه الدول تقديم أدلة كافية، تثبت أنهم ملاحقون سياسيا في بلادهم. أما غير ذلك، فسيتم رفض طلباتهم، لعدم توفر الأسباب، ويترتب عليهم بناءً على ذلك مغادرة البلاد في خلال إسبوع.

بعد إجراء المقابلات، والإستماع لطالب اللّجوء، يُقرّر المكتب الإتحادي للهجرة وشؤون اللاّجئين، إذا ما توفرت الأسباب الكافية، منح اللاّجئ تصريحاً للإقامة. أما في حالة عدم توفر الأسباب والشروط الكافية، فيتم رفض طلب اللّجوء، ويُطلب من الشخص المرفوض طلبه مغادرة ألمانيا. يحق لطالب اللّجوء في هذه الحالة، أنْ يعترض على هذا القرار، ليتم النظر فيه مرة أُخرى.

في بعض الحالات، ولظروف معيّنة، يتم إيقاف تنفيذ قرار الترحيل بِحق الشخص المرفوض طلبه. هنا يحصل طالب اللّجوء على إذن إقامة مؤقت (دولدونغ). وهذا لا يعني، أنَّ طلب اللّجوء تمت الموافقة عليه. بقاء طالب اللّجوء في ألمانيا، وبالرغم من رفض طلبه باللّجوء، لا يُعتبر مخالفاً للقوانين في هذه الحالة، نظراً لإذن الإقامة المؤقت (دولدونغ).

لعل من أسباب صدور إذن الإقامة المؤقت (دولدونغ)، الخشية من تعريض طالب اللّجوء للخطر على حياته، وجسده، وحريّته، في حال تم

schen Konvention zum Schutz der Menschenrechte und Grundfreiheiten (EMRK) verletzt würden oder die Rückkehr in das Herkunftsland eine erhebliche konkrete Gefahr für Leib, Leben oder Freiheit darstellt.

Wichtige Links

– **Grundlagen des Asylverfahrens / الإجراءات الأساسيّة لقضايا اللّجوء**

http://www.asyl.net/fileadmin/user_upload/redaktion/Dokumente/Arbeitshilfen/2012-11-paritaet_asylverfahren_web.pdf

– **Links und Adressen von (regionalen) Beratungsstellen und Hilfsorganisationen / روابط مهمة و عناوين لمكاتب محليّة ومؤسسات لتقديم المساعدة**

http://www.asyl.net/index.php?id=links_und_adressen

ترحيله إلى بلده. من الممكن أيضاً، وفي حال تم ترحيل طالب اللّجوء، حدوث إنتهاك لقوانين حقوق الإنسان والحرّيات الأساسيّة المنصوص عليه في الإتفاقية الأوروبية لحقوق الإنسان.

---

**روابط مهمة**

- **Allgemeine Informationen zum Thema Asyl /**
  **معلرمات عامة في موضوع اللّجوء**

https://www.asyl.net

---

# Leben in Deutschland

## *Praktisches Wissen für den Alltag*

### 1. Einkaufen

Es ist einfach, in Deutschland einzukaufen. In jedem größeren Ort gibt es mehrere Supermärkte und Discounter verschiedener Ketten. Sie haben feste Öffnungszeiten und sind am Sonntag und an Feiertagen geschlossen. Daneben gibt es kleinere Lebensmittelgeschäfte mit einem ausgewählten Sortiment. Auch Bäcker und Metzger haben oft noch eigene Läden. Fast überall werden an bestimmten Wochentagen auf öffentlichen Plätzen Märkte abgehalten. Dort bieten Händler und Bauern Obst, Gemüse und viele andere Waren an. Hier kann man in Ausnahmefällen den Preis herunterhandeln, was in den regulären Geschäften absolut unüblich, auf Flohmärkten hingegen üblich ist. Drogeriemärkte führen Hygiene- und Schönheitsartikel, Babynahrung, Putzmittel und kleinere Haushaltsgeräte. Hier gibt es außerdem Gesundheitsartikel wie Pflaster, Verbände, Tees oder Hustenbonbons. Medizin hingegen, wie Tabletten und Salben, wird ausschließlich in Apotheken und in der Regel gegen ein ärztliches Rezept ausgegeben.

In allen größeren Städten findet man auch Läden oder Supermärkte, die sich auf Halal-Lebensmittel spezialisiert haben. In deren Nähe haben sich oft Geschäfte angesiedelt, die Textilien anbieten, von Schals über Kopftücher bis zu Abaya oder Hidschāb.

# الحياة في ألمانيا

## معلومات عامة للحياة اليومية

### ١. التبضع

إنه من السهل جداً التبضع في ألمانيا، ففي كل مدينة كبيرة يوجد الكثير من فروع المحلات التجارية وأسواق تموينية كبيرة، بجانب ذلك تتوفر الكثير من فروع محلات التخفيضات. تلك المتاجرتتوفر فيها أنواع شتى من منتجات اللحوم والألبان والخضروات وغيرها من السلع الإستهلاكية، ولها أوقات دوام ثابتة، فهي تكون مقفلة في أيام الأحد وأيام العطل الرسمية. بالإضافة إلى ذلك توجد أيضاً محلات تجارية صغيرة لبيع بعض السلع الغذائية المُختارة. المخابز وكذلك الملاحم يكون لها في الغالب محلات مخصّصة. في أغلب المناطق يتم إقامة أسواق شعبية أسبوعية في أماكن مخصّصة لذلك. في هذه الأسواق يعرض التجار والفلاحون بضائعهم من الفواكه والخضروات وغيرها. المُفاصلة في الأسعار ممكنة في بعض الحالات الإستثنائيّة في هذه الأسواق الشعبية، الأمر الذي لا يمكن فعله أبداً في المقابل في المحلات التجارية. تتوفر أيضاً في ألمانيا محلات تجارية متخصّصة، توفر للمستهلكين شتى المستلزمات الصحية ومستحضرات التجميل، بالإضافة إلى مواد غذائية للأطفال الرُضّع، وأدوات التنظيف المنزلية، وكذلك الأجهز المنزلية الصغيرة. علاوة على ذلك توفّر مثل هذه المحلات مستلزمات طبية، مثل شرائط لاصقة للجروح، وضماضات، وأنواعاً متعددة من الشاي. الأدوية في المقابل تتوفّر فقط في الصيدليات، ولا تُصرف إلّا مقابل وصفة طبية على الأغلب.

في جميع المدن الكبيرة توجد محلات أو أسواق خاصة لببيع اللحوم المذبوحة على الطريقة الإسلاميّة. توسّعت نوعية هذه المحلات التجارية المتخصّصة في الآونة الأخيرة، حيث تتوفّر الآن محلات تجارية متخصّصة في بيع الملابس الشرعية للنساء المسلمات.

Viele Leute in Deutschland kaufen ihre Kleidung in Warenhäusern oder in Filialen von großen Modeketten. Diese befinden sich in der Innenstadt oder in Shoppingmalls, die oft am Stadtrand liegen. In diesen Einkaufszentren sind zahlreiche unterschiedliche Geschäfte versammelt; hier findet man alles, was man braucht, an einem Fleck. Ausgefallenere Dinge entdeckt man eher in kleineren Läden in den Nebenstraßen der Innenstädte, allerdings sind die Preise hier oftmals deutlich höher.

Günstig erhält man Kleidung in Second-Hand-Läden. Es sind gebrauchte, aber noch gut erhaltene Sachen, die von Privatleuten dort hingegeben oder von wohltätigen Organisationen gesammelt und weiterverkauft werden. Nichtstaatliche Organisationen (NGOs) und Vereine wie Oxfam oder HUMANA haben Shops in vielen deutschen Großstädten. Flohmärkte auf Plätzen oder an Schulen, in Kindergärten und Gemeindezentren sind ebenfalls gute Adressen für Gebrauchtes. Auch übers Internet kann man Kleidung und viele andere Dinge günstig kaufen. Die Anbieter sind entweder Privatleute oder Factory-Outlets bzw. Outlet-Stores, d. h. Geschäfte, die Teile aus der letzten Saison anbieten.

Wichtige Links|

– **Oxfam** / أوكسفام
http://www.oxfam.de/shops

## 2. Essen und Trinken

Die deutsche Esskultur ist traditionell eher einfach, da bis ins 19. Jahrhundert der Großteil der Bevölkerung auf dem Land gelebt hat und auf das zurückgreifen musste, was die Landwirtschaft hervorbrachte. Mitte des 20. Jahrhunderts brach-

الكثير من الناس في ألمانيا يقوم بشراء مستلزماته المتعددة، وبالأخص الألبسة منها، من مجمعات تجارية، أو من إحدى فروع المحلات التجارية المشهورة للموضة العالمية. هذه المحلات تتواجد في وسط المدينة، أو في مجمعات تجارية كبيرة غالباً ما تتواجد على أطراف المدينة. تتكون مثل هذه المجمعات من العديد من المحلات التجارية، هنا يجد الشخص كل إحتياجاته تحتَ سقف واحد. أما الذين يفضلون التشكيلات الفاخرة من الألبسة، فيجدونها في الشوارع الجانبية لوسط المدنية، والتي تتميز بأسعارها المرتفعة مقارنة بالمتاجر الأخرى.

أما الذين يبحثون عن الألبسة رخيصة الثمن، فيجدونها في متاجر الألبسة المستعملة، هنا يجد المرء ألبسة متنوعة مستعملة ولكنها في حالة جيدة، وبأسعار مناسبة. يقوم أشخاص وبصفة شخصيّة أو جمعيات خيرية بجمع هذه الألبسة وعرضها للبيع. المنظمات غير الحكومية، مثل أوكسفام أو هومانا، يوجد لها محلات تجارية في كثير من المدن الألمانية الكبيرة. كما يمكن شراء الأشياء المستعملة من الأسواق الشعبية أيضاً، التي تقام عادة في الميادين أو المدارس، أو أحياناً في روضات الأطفال، أو في مراكز الجاليات. عن طريق الإنترنت يمكن للشخص أيضاً شراء الألبسة، وأشياء كثيرة أُخرى، وبأسعار منخفضة. البائعون هنا هم عبارة عن أشخاص عاديون، أو مصانع للبيع المباشر، أو مخازن لمتاجر كبيرة، والتي تقوم بعرض السلع من الموسم الماضي بأسعار رخيصة.

**روابط مهمة**

– **HUMANA / هومانا**
http://www.humana-second-hand.de/mode/shops.html
– **Deutsches Rotes Kreuz (DRK) / الصليب الأحمر الألماني**
drk.de/angebote/hilfen-in-der-not/kleiderlaeden.html

## ٢. المأكل والمشرب

ثقافة الأكل الألمانية تقليدية وسهلة نوعاً ما؛ وذلك يعود لحقيقة أنَّ الأغلبية العظمى من الشعب عاشت وحتى القرن التاسع عشر في الأرياف، وبذلك وجب عليها الإعتماد على المنتجات الزراعية في أكلها وشربها. في

ten Gastarbeiter und Einwanderer aus zahlreichen Ländern ihre Speisen mit nach Deutschland und eröffneten Restaurants. Heute ist die Vielfalt sehr groß, und man findet in jeder größeren Stadt Lokale mit z. B. italienischer, griechischer, ostasiatischer, türkischer, arabischer oder eben deutscher Küche.

Letztere ist immer noch vergleichsweise regional bestimmt; in Hamburg gibt es ganz andere kulinarische Spezialitäten als in Leipzig, in Frankfurt andere als in München. Typisch für die deutsche Küche ist ihre Fleischlastigkeit, wenngleich in den letzten Jahrzehnten zahlreiche Deutsche begonnen haben, vegetarisch oder sogar vegan zu leben, d. h. gar kein Fleisch mehr zu essen bzw. auf alle tierischen Produkte zu verzichten.

Im Durchschnitt isst jeder Deutsche 60 kg Fleisch im Jahr, vor allem vom Schwein. Typische Gerichte vom Schwein sind Braten, Eisbein oder Haxe, Schnitzel, Brat- und Brühwürste und Kasseler. Geflügel (Huhn, Pute, Gans, Ente) ist ebenfalls beliebt. Rind, Kalb und Lamm kommt bei den Deutschen seltener auf den Tisch, was auch mit dem höheren Preis zusammenhängt. Fisch wird in Deutschland weniger gegessen als Fleisch, nämlich bloß 15 kg pro Kopf.

Als Beilage essen die Deutschen gerne Kartoffeln. Nudeln, Reis und Hülsenfrüchte (Erbsen, Bohnen, Linsen), (Sauer-)Kraut bzw. Kohl in allen Varianten sind ebenfalls beliebt. Und zunehmend frisches Gemüse in Form von Salaten oder gedämpften Beilagen.

Milchprodukte (Käse, Joghurt, Quark, Butter- oder Dickmilch) werden vor allem zum Frühstück und Abendessen oder als Snack zwischendurch konsumiert.

منتصف القرن العشرين، ومع دخول العمال الوافدين والمهاجرين لألمانيا، تعرّف الألمان على العديد من الأطعمة، التي أحضرها العمال معهم، حيث قاموا بفتح العديد من المطاعم. اليوم أصبح التنوّع في الأطعمة كبيراً جداً في ألمانيا، ففي كل مدينة ألمانية كبيرة توجد مطاعم متنوّعة، منها الإيطالية واليونانية والآسيوية والتُركية والعربية، إضافة إلى المطبخ الألماني.

المطابخ الألمانية تختلف من إقليم إلى آخر؛ ففي هامبورغ توجد مأكولات تختلف عن تلك التي في لايبتسغ، وفي فرانكفورت مأكولات غير تلك التي في ميونخ. اللحوم تُعتبر من الأساسيات، التي لا غنى عنها في المطبخ الألماني، مع أنَّ الكثير من الناس بدؤوا، في السنوات القليلة الماضية، بالإستغناء عن أكل اللحوم، وحتى أن البعض منهم أصبح نباتياً، لا يأكل أو يشرب أية منتجات حيوانية.

في المعدل يأكل كل ألماني حوالي ٦٠ كيلو من اللحوم سنوياً، وخاصة لحوم الخنزير. الأطباق المثالية التي تُحضر من لحم الخنزير هي اللحم المشوي، واللحم المقطع إلى شرائح، واللحم المأخوذ من فخذ الخنزير، كذلك النقانق وغيرها الكثير. أما الدواجن (الدجاج والدجاج الرومي والإوز والبط) فهي أيضاً لحوم مفضلة من الكثيرين. لحوم الأبقار، لحوم العجل ولحوم الخرفان فنادراً ما يجدها المرء على مائدة الطعام الألمانية، لأسباب عديدة، منها إرتفاع أسعارها. الأسماك تُأكل بشكل أقل من اللحوم الأُخرى في ألمانيا، حيث يبلغ معدل إستهلاك لحوم الأسماك حوالي ١٥ كيلو للفرد الواحد سنوياً.

البطاطا والمعكرونة والأرز والبقوليات (البازلاء والفاصوليا والعدس) كلها أطباق رئيسيّة على المائدة الألمانية. مخلل الملفوف أو الملفوف الأخضر بكل أنواعه مقبلات مفضّلة بشكل كبير. الخضروات الطازجة والمطبوخة كلها مقبلات يجدها المرء بشكل متزايد في المطبخ الألماني.

منتجات الألبان، من جبْن ولبن ولبنة وزبدة، تُأكل في الفطور والعشاء، أو كوجبة خفيفة بين الحين والآخر.

Ganz wichtig sind in Deutschland Brot- und andere Backwaren, die vor allem zum Frühstück und zum Abendessen auf den Tisch kommen. Kindergarten- und Schulkinder bekommen von ihren Eltern für den Vormittag ein Pausenbrot und ein Getränk mit auf den Weg. In vielen Kindergärten und Schulen erhalten die Kinder mittags gegen Bezahlung warmes Essen. Berufstätige Erwachsene gehen in die Kantine ihrer Arbeitsstelle oder in nahegelegene Restaurants, die günstige Mittagstische anbieten. Essen die Familien zu Hause, kommen mittags warme Speisen auf den Tisch. Ansonsten wird abends gekocht. Am Wochenende oder an Feiertagen lädt man nachmittags gern Familie und Freunde zu Kaffee und Kuchen ein.

Kaffee ist das Lieblingsgetränk vieler Deutscher. Andere trinken lieber grünen, schwarzen oder Kräuter- und Früchtetee. Abends wird häufig Alkohol getrunken. Bier ist sehr beliebt, vor allem bei Männern. Neben vielen traditionellen Sorten wird zunehmend auch alkoholfreies Bier getrunken. Vor allem im Südwesten Deutschlands wird Wein angebaut, daher trinken die Menschen dort eher Wein.

Die Deutschen gehen gerne auswärts essen. Für fast 10 Millionen ist Essengehen eine beliebte Freizeitbeschäftigung. Selber kochen ist natürlich günstiger – und erfreut sich übrigens zunehmender Beliebtheit bei Männern. Menschen, die nur wenig Geld oder keine Kochmöglichkeit haben, können in sogenannten Suppenküchen oder Tafeln essen gehen, die von Wohltätigkeitsorganisationen angeboten werden.

### 3. Benutzung von Verkehrsmitteln

In den großen Städten wie Berlin, Hamburg oder München gibt es eine Vielzahl an öffentlichen Verkehrsmitteln wie (Regional-)Zügen, Bussen, Straßen-, S- und U-Bahnen. An den

أهم المواد الغذائية الإستهلاكية في ألمانية هو الخبز والمعجنات بأنواعها، والتي لا تغيب على مائدة طعام الإفطار أو أثناء وجبة العشاء. الأطفال وطلّاب المدارس يُحضِرون وجبات الفطور من منازلهم. في العديد من روضات الأطفال والمدارس يحصل الأطفال في وقت الظهيرة على وجبة طعام ساخنة مقابل مبلغ من المال. الموظفون يحصلون على وجبات طعام إما من الأماكن المخصّصة لتقديم الطعام في مكان عملهم، أو من المطاعم المجاورة، التي تقدم وجبات غداء بسعر مناسب. إذا إجتمعت العائلة لتناول الغداء في المنزل فيتم تقديم وجبات ساخنة. فيما عدا ذلك تقوم العائلات بالطبخ في وقت المساء. في نهاية الأسبوع أو في أيام الإجازات يلتقي الأقارب والأصدقاء لشرب القهوة وأكل شيئاً من الحلويات.

تعتبر القهوة المشروب المفضل بالنسبة للكثير من الألمان. البعض الآخر منهم يشرب الشاي الأخضر أو الأسود أو شاي الأعشاب أو الفواكه. في المساء يتم غالباً شُربُ الكحول. فالبيرا مشروب مفضل جداً، خاصة من قِبل الرجال. بجانب أنواعٍ كثيرة من المشروبات التقليدية يتم أيضاً شرب البيرا الخالية من الكحولً. يشتهر الجنوب الغربيّ من ألمانيا بزراعة العنب وصناعة النبيذ، لذلك يفضل شعوب تلك الناطق شرب النبيذ على البيرا.

الأكل في المطاعم من الأشياء المحببة التي يتم عملها في أوقات الفراغ، حولي ١٠ ملايين يفضلون الأكل في المطاعم. بطبيعة الحال يعد تحضير الأكل في البيت رخيصا، وفي الأونة الأخيرة أصبح هذا محبوباً لدى الرجال. الفقراء ومن ليست لديه القدرة على الطبخ يحصلون على وجبات طعام ساخنة في أماكن مخصّصة تشرف عليها جمعيات خيرية.

## ٣. إستخدام وسائل المواصلات

في المدن الكبيرة مثل برلين وهامبورغ وميونخ يوجد العديد من وسائل المواصلات مثل القطارات(الإقليمية)، الباصات، قطارات المدينة السريعة التي تربط أحياء المدينة المختلفة وأيضاً المناطق الإقليمية

Haltestellen hängen Fahrpläne aus, auf die man sich fast immer verlassen kann. Auch im Internet kann man sich über die Abfahrtszeiten informieren. Meistens sind die öffentlichen Verkehrsmittel pünktlich.

Jeder, der sich mit Bus oder Bahn fortbewegen möchte, muss vor Fahrtbeginn eine Fahrkarte erwerben. Diese kann man an Fahrscheinautomaten, an Ticketschaltern in den (Regional-)Bahnhöfen oder in manchen Zeitungsläden kaufen. Man sollte sich vorher unbedingt informieren, welche Fahrkarte man für welche Strecke braucht, denn es gibt verschiedene Preisstufen. Ein Einzelfahrschein für einen Erwachsenen kostet im Zentrum einer deutschen Großstadt ca. 2,70 Euro. Kinder zahlen in etwa die Hälfte. Es gibt auch Tages-, Wochen- und Monatskarten, die unter Umständen günstiger sind, ebenso wie Gruppenkarten.

In den Nahverkehrszügen, Bussen und Bahnen werden regelmäßig Fahrscheinkontrollen durchgeführt. Wer keine (gültige) Fahrkarte besitzt, also ein sogenannter Schwarzfahrer ist, muss 60 Euro Strafe zahlen. Bei Asylbewerbern werden hier jedoch gelegentlich Ausnahmen gemacht.

Für kürzere Strecken oder nachts, wenn Busse und Bahnen nur noch selten oder gar nicht mehr fahren, kann man sich ein Taxi rufen. Doch Taxifahren ist in Deutschland relativ teuer.

Für längere Reisen in andere Städte hat man verschiedene Fahrmöglichkeiten: Günstig sind Fernbusse, die man im Internet buchen kann. Mitfahrzentralen organisieren preiswerte Reisen in fremden Privatautos. Bei Zügen und Flug-

المجاورة كما تتوفر أيضاً القطارات التي تسير تحت الأرض وهو ما يعرف بمترو الأنفاق. في محطات القطارات/ الباصات يوجد دائماً جدول بمواعيد السفر والذي يمكن الإعتماد عليه لمعرفة أوقات الإنطلاق أو الوصول. غالباً ماتلتزم وسائل المواصلات بالمواعيد المدونة في الجداول.

عند إستخدام الباص أو القطار للتنقل يجب على الشخص وقبل الشروع في السفر شراء التذكرة اللازمة، والتي يمكن شرائها من المكائن الإلكترونية لبيع التذاكر، أو من مكاتب السياحة المتوفرة في محطات القطارات، أو من بعض دكاكين الصحف (هنا ينبغي الحذر والتأكد من جدية العروض وصلاحيتها). من المستحسن قبل القيام بشراء التذاكر الإستفسار عن نوع التذكرة الضرورية للوصول إلى الوجهه المقصودة، فهناك العديد من التذاكر والأسعار المختلفة. التذكرة للفرد البالغ تكلف حوالي ٢,٧ يورو في وسط المدن الكبيرة، أما الأطفال فيدفعون نصف سعر تذكرة الشخص البالغ تقريباً. من الجدير بالذكر أن هناك العديد من أنواع التذاكر؛ فهناك تذاكر يومية أو أسبوعية وأخرى شهرية والتي تكون غالباً أرخص من التذاكر الفردية، كما هو الحال بالنسبة لتذاكر المجموعات.

يتم تسيير حملات تفتيشية وبشكل دوْريّ في وسائل النقل العامة من الباصات والقطارات. الشخص الذي لا يملك تذكرة صالحة للسفر، يدفع غرامة مالية مقدارها ٦٠ يورو، وهو ما يسمى بالراكب الغير نظامي، إلّا لطالبي اللّجوء، حيث يتم في بعض الأحيان غض النظر عن الغرامة المالية، نظراً لظروفهم.

للمسافات القصيرة أو في ساعات الليل المتأخرة، حيث ندرة المواصلات العامة وإنعدامها حتى في بعض المناطق، يمكن للشخص أن يطلب سيارة أُجرة. الجدير بالذكر أن سيارات الأجرة في ألمانيا مُكلفة نسبياً.

للسفر إلى مدن بعيدة تتوفّر في ألمانيا إمكانيات عديدة، من أرخصها الباصات والتي يمكن للشخص أن يحجز تذاكرها من خلال بعض مواقع الإنترنت. أما ما يسمى بمركز السفر الجماعي فهو عبارة عن أشخاص ينظمون رحلات إلى مدن مختلفة بسياراتهم الخاصة وبأسعار معقولة.

zeugen lohnt sich frühzeitiges Buchen, um Sparpreise zu bekommen. Das kann man im Internet, an Bahnhöfen oder Flughäfen sowie in Reisebüros tun.

Wichtige Links

– **Fernbusse (Überblick)** / باصات السفر للمسافات الطويلة
www.fernbusse.de
https://www.busliniensuche.de/seiten/fernbus-vergleich
– **Deutsche Bahn** / شركة القطارات الألمانية الدويتشه بان
https://www.bahn.de GB F

## 4. Deutsch lernen

Ohne die deutsche Sprache zu beherrschen, ist ein langfristiger Aufenthalt in Deutschland schwierig. Ob im Kontakt mit Ämtern, beim Einkaufen, beim Arzt oder auch nur im Alltag mit anderen: Gute Deutschkenntnisse sind Voraussetzung, um hier gut integriert leben und arbeiten zu können.

Eine erste Möglichkeit, die allerwichtigsten Wörter und Sätze zu lernen, wird oft schon in den Notunterkünften angeboten. Diese Unterrichtsstunden werden von ehrenamtlichen Helfern, Lehrern und Dolmetschern organisiert und sind für Flüchtlinge kostenlos. Bis zur Entscheidung über den Asylantrag bieten einige Bundesländer wie z. B. Bayern Kurse zur „Erstorientierung und Deutsch lernen für Asylbewerber" an.

Wer eine Aufenthaltsgenehmigung hat oder als Asylbewerber oder Geduldeter eine gute Bleibeperspektive bescheinigt bekommt, kann einen „Integrationskurs" belegen. Dieser wird vom Bundesamt für Migration und Flüchtlinge (BAMF)

عند السفر بالقطار أو الطائرة فهنا ينصح بالحجز المبكر للحصول على أسعار مخفضة. وهو ما يمكن عمله عن طريق الإنترنت أو في محطات القطارات الرئيسية أو المطارات أو في مكاتب السياحة والسفر.

**روابط مهمة**

– **Mitfahrzentrale / مركز السفر الجماعي**

https://www.mitfahrzentrale.de/ GB F

https://www.blablacar.de GB F

– **Günstige Fluglinien (Überblick) / (الخطوط الجوية الرخيصة(نبذة مختصرة**

http://billigflieger.de/

https://www.opodo.de/billigflieger.html GB F

## ٤. تعلم اللغة الألمانية

بدون تعلم اللغة الألمانية والتمكّن منها تُعتبر الإقامة في ألمانيا على المدى الطويل صعبة جداً. سواء كان ذلك في التعامل مع الجهات الرسمية المختلفة، أو عند التبضع، أو لدى زيارة الطبيب، أو حتى في التعامل اليومي مع الآخرين في الشارع أو في العمل. كما أنَّ المعرفة الجيدة باللغة الألمانية تعتبر من الشروط المهمة لسرعة التأقلم في المجتمع الألماني.

الفرصة الأولى لتعلم أهم الكلمات والجمل الألمانية للّاجئ تكون في الأغلب في مخيمات اللّجوء. هذه الدروس يتم تنظيمها من قبل المتطوعين في العمل الإجتماعي، وبعض المدرسين والمترجمين، وهي مجانية للّاجئين. حتى يتم إتخاذ قرار بشأن طلب اللّجوء، تقدم بعض الأقاليم دورات في التوجيه الأوليّ ودورات لتعلم اللغة الألمانية لطالبي اللّجوء. كما هو الحال في ولاية بايرن مثلاً.

يقدِّم المكتب الإتحادي للهجرة وشؤون اللّاجئين دورات تعليمية في التأقلم والإندماج للحاصلين على تصاريح الإقامة وكذلك لطالبي اللّجوء وأصحاب الإقامات المؤقته (دولدونغ)، الحاصلين على وثائق تثبت أنَّ لديهم فرصة جيدة في البقاء في ألمانيا مستقبلاً والحصول بالتالي على

angeboten und besteht aus einem Sprachkurs mit 600 Unterrichtsstunden, der sich in einen „Basissprachkurs“ und einen „Aufbausprachkurs“ zu je 300 Stunden gliedert. Außerdem gehört ein „Orientierungskurs“ mit 60 Unterrichtsstunden in deutscher Landeskunde dazu, der über Leben, Rechtsordnung, Kultur und Geschichte informiert. Am Ende werden die erworbenen Kenntnisse mündlich und schriftlich geprüft, und bei Erfolg wird ein „Zertifikat Integrationskurs“ vergeben. Spezielle Kurse für Frauen, Eltern, Jugendliche, Schreibunkundige sowie für Fortgeschrittene werden ebenfalls angeboten. Die Kursteilnehmer zahlen pro Unterrichtsstunde 1,20 Euro Eigenbeitrag, den Rest übernimmt der Staat. Die Antragstellung und Organisation läuft über die Regionalstellen des BAMF.

Wer selbstständig mit dem Lernen beginnen möchte, kann dies auch mithilfe eines Internet-Fernkurses tun. Das kostenfreie Portal der Volkshochschulen www.ich-will-deutsch-lernen.de bietet dazu verschiedene Niveaustufen. Als Benutzersprache kann neben vielen anderen Sprachen auch Arabisch eingestellt werden.

Eine gute Orientierungshilfe bietet z. B. auch das Workbook bzw. Cahier d'exercices „Deutschkurs für Asylbewerber“ mit englischen bzw. französischen Untertiteln für einen Ladenpreis von 6,50 Euro.

---

Wichtige Links

– **Deutschkurse für Asylbewerber / دورات لتعليم اللغة الألمانية للاّجئين**
http://www.bamf.de/DE/Willkommen/DeutschLernen/Deutsch Asylbewerber/deutschangebotasyl-node.html GB
– **Alleine Deutsch lernen / تعلم الألمانية لوحدك**
www.ich-will-deutsch-lernen.de ع

---

إقامات. تتكون هذه الدورات من دورة لتعليم اللغة الألمانية تشمل٦٠٠ ساعة تعليمية، والتي تنقسم إلى ٣٠٠ ساعة تعليمية للدورة التمهيدية، و٣٠٠ ساعة تعليمية للمرحلة المتقدّمة. بالإضافة إلى ذلك يتم تقديم دورة توجيهية مكوَّنة من ٦٠ ساعة تعليمية للتعريف بالحضارة الألمانية من جميع نواحيها، كالحياة الإجتماعية والنظام القانوني والتراث والتاريخ الألماني. في نهاية هذه الدورات يتقدّم اللّاجئ لإمتحان تحريري وآخر شفهي، وذلك لإختبار المعلومات التي تم إكتسابها من خلال تلك الدورات. في حال إجتياز هذه الإمتحانات بنجاح يتم الحصول على شهادة في دورة الإندماج. كما تُقدّم دورات تعليمية خاصة للنساء والآباء والشباب والأميّين، وكذلك دورات تعليمية للمتقدمين. كل مشترك يدفع مبلغ مقداره ١,٢ يورو للساعة التعليمية الواحدة، أما باقي المبلغ فتتكفل به الدولة. تقديم طلبات الإلتحاق والتنظيم يتم عبر الدوائر المحلية للمكتب الإتحادي للهجرة وشؤون اللّاجئين.

الأشخاص الراغبون بالتعلم الذاتي يمكنهم عمل ذلك بمساعدة الإنترنت، حيث توجد دورات لدراسة اللغة الألمانية عن بعد، مثل البوابة المجانية التي توفرها مدرسة تعليم اللغة الألمانية (فولكس هوخشوله) على الإنترنت ولجميع المستويات (كما يمكن للمبتدئين إختيار اللغة العربية كلغة مستخدم) وذلك تحت الرابط التالي:

www.ich-will-deutsch-lernen.de

كوسائل مساعدة مبدئية يمكن الإعتماد أيضاً على كتب تعلم اللغة الألمانية، مثل كتاب (دروس اللغة الألمانية للّاجئين)، المتوفّر باللغتين الإنجليزية والفرنسية وبسعر ٦,٥ يورو.

---

**روابط مهمة**

- **Integrationskurse / دورات الإندماج**

http://www.bamf.de/DE/Willkommen/DeutschLernen/Integrationskurse/integrationskurse-node.html

- **Bestellmöglichkeit „Deutschkurs für Asylbewerber“ / أفضل الدورات لتعليم اللغة الألمانية للّاجئين**

www.deutschkurs-asylbewerber.de/

---

## 5. Kinder und Jugendliche

Minderjährige sind nach deutschem Gesetz und internationalen Vorschriften besonders schutzbedürftig. Kinder auf der Flucht wurden oftmals von ihren Eltern getrennt oder verloren ihre Angehörigen in Krieg und Gewaltsituationen. Wenn Flüchtlinge unter 18 Jahren allein unterwegs sind, werden sie meistens nicht in den üblichen Not- und Gemeinschaftsunterkünften aufgenommen, weil es dort an spezieller Betreuung mangelt. In der Regel werden sie dem Jugendamt übergeben, welches sie in Obhut nimmt. Ein Pfleger oder Vormund wird für sie bestellt, bevor sie in einem Heim, in betreuten Wohngruppen oder bei Pflegefamilien unterkommen.

Solange die Kinder und Jugendlichen als Asylsuchende gelten, stehen ihnen Gesundheits- und Sozialleistungen in eingeschränktem Maße zu. Sie leben mit einer Duldung in Deutschland und haben ein Recht auf Schulbesuch. Im Laufe eines sogenannten Clearingverfahrens werden die Gründe für die Migration geklärt und entschieden, ob ein Asylantrag gestellt werden sollte. Unbegleitete minderjährige Flüchtlinge werden in Deutschland in besonderem Maße gefördert und erhalten schneller Hilfe als Erwachsene.

Werden durch Datenabgleich Vater oder Mutter in einem anderen EU-Land gefunden, wird das Kind den Eltern dort übergeben. Falls eine Aufenthaltserlaubnis erteilt wurde, stehen dem Kind die üblichen Ausbildungs- und Studienplätze offen, sofern die notwendigen Deutschkenntnisse bis dahin erworben wurden.

Wenn asylsuchende Eltern länger als drei Monate in Deutschland sind, haben sie einen Rechtsanspruch auf einen Kindergartenplatz für ihre Kinder. Kindern mit ausländischen Wurzeln einen Besuch in Kita oder Vorschule zu ermöglichen, hat sich in Deutschland sehr bewährt. Dadurch

## ٥. الأطفال والشباب الناشئ

القاصرون يتمتعون في القانون الألماني والأحكام الدولية بحماية خاصة في المجتمع. كثير من الأطفال اللاّجئين فقدوا أهاليهم وأقاربهم، إما في الطريق إلى أوروبا أو في الحروب وموجات العنف. اللاّجئون، من هم تحت سن الثامنة عشر، لا يتم وضعهم في الأغلب في مخيمات اللاّجئين العامة، لحاجتهم لرعاية خاصة، التي لا تتوفّر بالأغلب في هذه المخيمات. في الغالب يتم تسليمهم إلى مراكز رعاية الأطفال والقاصرين، التي تقوم بتوفير الأشخاص القادرين على رعايتهم. يتم فيما بعد إرسالهم إلى مركز إيواء أو إلى دور رعاية خاصة أو إلى عائلات ترعاهم.

يحصل الأطفال والقاصرون على الخدمات الطبيّة والإجتماعيّة بشكل محدود طوال فترة إقامتهم كطالبي لجوء. كما ويحصلوا طوال هذه الفترة على وثيقة الإقامة المؤقتة، ولهم الحق في الإلتحاق بالمدرسة. أثناء عملية إختيار وتوزيع الطلاب على المدارس، يتم البحث في أسباب الهجرة، وإتخاذ القرار، فيما إذا كان من اللازم تقديم طلب اللّجوء. حتى الآن تم تصنيف حالات فردية لمثل هؤلاء الأطفال والقاصرين كطالبي لجوء من قِبل الدوائر الحكومية.

إذا تم التعرف على أب أو أُم لأحد هؤلاء الأطفال في بلدٍ آخر من دول الإتحاد الأوروبي خلال عملية مقارنة البيانات، فيتم بناءً عليه تسليم الطفل لوالديه. في حالة قبول الطلب وإعطاء تصريح بالإقامة، فيكون للطفل حق في الإلتحاق بمقاعد التعليم المهني، أو مقاعد الدراسة، بشرط وجود القدرة على تكلم وفهم اللغة الألمانية.

الآباء طالبو اللّجوء، والذين يعيشون في ألمانيا منذ أكثر من ثلاثة أشهر، لديهم الحق في الحصول على أماكن لأبنائهم في الروضات. حق الأطفال من أصول أجنبيّة في زيارة الروضات أمراً طبيعياً، ويساعد

lernen sie viel schneller Deutsch und können sich besser in die deutsche Gesellschaft integrieren und ihre Familien dabei unterstützen.

Ältere Kinder und Jugendliche, deren Antrag auf Asyl läuft, unterliegen der allgemeinen Schulpflicht. Durch eine rasche Eingliederung in den deutschen Alltag können auch sie neben dem Erwerb von Qualifikationen vom Zusammensein mit Gleichaltrigen profitieren und im Idealfall sogar eher traumatische Erfahrungen verarbeiten.

**Wichtige Links**

– **Wegweiser für unbegleitete minderjährige Flüchtlinge (deutsch und arabisch) / دليل للقاصرين من اللاجئين**

https://www.b-umf.de/images/willkommen/willkommendeutsch-web.pdf
https://www.b-umf.de/images/willkommen/willkommensbro schurearabisch-web.pdf ع

## 6. Arbeiten

Flüchtlinge dürfen ohne eine Arbeitserlaubnis weder arbeiten noch eine Ausbildung machen. Komplett verboten ist die Arbeitsausübung für Asylsuchende und Geduldete in den ersten drei Monaten nach Gestattung ihres Aufenthalts in Deutschland. In den Ausweispapieren steht deshalb der Satz: „Erwerbstätigkeit nicht gestattet." Es gibt nur zwei Ausnahmen: Man kann für den Staat oder für gemeinnützige Organisationen eine „Arbeitsgelegenheit" für einen Stundenlohn von 1,05 Euro annehmen.

In der Europäischen Union gibt es „bevorrechtigte Arbeitnehmer", zu denen Inländer, EU-Ausländer oder anerkannte Flüchtlinge zählen. Wer mit dem Status des Asylbe-

الأطفال على تعلم اللغة الألمانية بسرعة، وربما يستطيعون بذلك دمج أنفسهم وأهليهم في المجتمع الألماني بشكل أفضل.

الأطفال الأكبر سناً والشباب من طالبي اللّجوء يخضعون لقانون التعليم الإجباري. إلى جانب فرصة الإندماج السريع في الحياة اليومية الألمانية، يستطيع هؤلاء الأطفال والشباب الإستفادة من إكتساب المؤهلات المستقبلية، والبقاء مع من هم في نفس أعمارهم، وربما يستطيعون من خلال ذلك إستيعاب ومعالجة التجارب البشعة، التي عاشوها في فترة الحرب.

---

**روابط مهمة**

- **Informationen zu Leistungen der Jugendämter (deutsch und arabisch) / معلومات عن الخدمات المقدمة من مكتب رعاية الأطفال والقاصرين**
http://www.bag-landesjugendaemter.de/downloads/jugendamt_leichte_sprache.pdf
http://www.bag-landesjugendaemter.de/downloads/jugendamt_arabic.pdf ع
- **Kinder- und Jugendtelefon:** kostenlose Hotline 116.111 / رقم هاتف مجاني لمساعدة الأطفال والقاصرين.

---

## ٦. العمل

لا يسمح للاّجئين بدون تصريح إقامة بالعمل ولا بالإلتحاق بمدارس التأهيل المهني. خلال الأشهر الثلاث الأولى يمنع منعاً باتاً ممارسة العمل لطالبي اللّجوء وأصحاب تصاريح الإقامة المؤقتة، لذلك يكتب على الأوراق الثبوتية لطالبي اللّجوء الجملة التالية (غير مصرح له بالعمل). هناك حالتان إستثنائيتان فقط لهذا القانون، وهما يتمثلان في أن يعمل طالب اللّجوء إما لصالح الدولة أو لصالح منظمات خيرية، بأجر قدره ١,٠٥ يورو في الساعة.

مواطنو الدول الأوروبية واللاّجئون المُعترف بهم لهم الأولويّة في الحصول على وظيفة، وذلك بحسب القانون الساري في دول الإتحاد

werbers und geduldeten Flüchtlings in Deutschland lebt, kommt in den ersten 15 Monaten bei einer Bewerbung erst nach den bevorrechtigen Arbeitnehmern zum Zug. Er kann dann zunächst nur mit einer „eingeschränkten Arbeitserlaubnis" tätig werden. Diese wird über die zuständige Ausländerbehörde und Agentur für Arbeit ausgestellt. Sich ohne Einschränkungen einen Job auf dem freien Markt suchen können alle, die sich rechtmäßig seit vier Jahren in Deutschland aufhalten.

Ob ausländische Berufsabschlüsse anerkannt werden, entscheiden die Behörden. Über die Hotline „Arbeiten und Leben in Deutschland" des Bundesministeriums für Wirtschaft und Energie kann eine erste Beratung erfolgen, auf Deutsch oder Englisch. Hilfreich ist auch das mehrsprachige Online-Portal www.anerkennung-in-deutschland.de vom Bundesministerium für Bildung und Forschung.

Wer eine Arbeit gefunden hat, stellt bei der ersten Lohnzahlung fest, dass er weniger Geld auf sein Konto bekommt, als im Vertrag steht. Der Grund sind Steuern und andere Abgaben. Der Arbeitgeber muss Renten-, Kranken-, Arbeitslosen- und Pflegeversicherung direkt vom Gehalt des Arbeitnehmers abführen. Zusätzlich sind Lohnsteuer, Solidaritätszuschlag und eine mögliche Kirchensteuer schon an das Finanzamt gegangen. Übrig bleibt ein Nettolohn, von dem die Lebenshaltungskosten (Essen, Miete, Kleidung, Auto, private Haftpflichtversicherung etc.) bezahlt werden müssen. Oft bleibt für den deutschen Durchschnittsverdiener dann nicht mehr viel im Portemonnaie übrig.

الأوروبي. طالبو اللّجوء وأصحاب الإقامات المؤقتة (دولدونغ) لهم الحق في العمل ولكن بعد مرور خمسة عشر شهراً على إقامتهم في ألمانيا، وبعد أصحاب الأولوية المذكورين أعلاه. هؤلاء يحصلون على تصاريح عمل مقيّدة صادرة عن دائرة شؤون الأجانب ومكتب العمل. يحقّ لكل المقيمين منذ أربعة أعوام بشكل نظامي في ألمانيا البحث والحصول على وظيفة وبدون قيود.

الإعتراف بالمؤهلات المهنية الأجنبية مرهون بقرار الدوائر الحكومية المعنيّة. عبر الخط الهاتفي المباشر (العمل والمعيشة في ألمانيا) الذي توفره الوزارة الإتحادية للإقتصاد والطاقة، يمكن للشخص الحصول على الإرشادات والمعلومات الأولية، وذلك باللغة الألمانية أو الإنجليزية. البوابة الإلكترونية المتعددة اللغات، والتي تقوم بتوفيرها الوزارة الإتحادية للتعليم والبحث العلميّ، تعتبر من المواقع المفيدة في هذا الصدد أيضاً. ويمكن الوصول إليها عبر الرابط التالي:

www.anerkennung-in-Deutschland.de

يحصل كل من له عمل رسميّ في ألمانيا في كل نهاية شهر على بيان تفصيلي للراتب الشهري. في هذا المستند يتم إدراج الراتب الشهري والضرائب والرسوم المستحقة على العامل. صاحب العمل يقوم بدفع مستحقات التقاعد والتأمين الصحيّ والتأمين ضد البطالة وتأمين الرعاية الصحية، والذي يتم خصمه من راتب العامل. إضافة إلى ذلك تُخصم ضريبة الدخل والضريبة التضامنية وضريبة محتملة للكنائس من الراتب، وتذهب هذه الأموال إلى إدارة الشؤون المالية. بعد خصم كل هذه الضرائب والرسوم يتبقى الدخل الصافي للعامل. بعد دفع كافة نفقات المعيشة والمصاريف الشخصية لا يتبقى لمتوسطي الدخل على الأغلب إلّا القليل من المال.

Wichtige Links

– **Zulassung zum deutschen Arbeitsmarkt /**
**القبول في السوق الألماني**

https://www.arbeitsagentur.de/web/content/DE/BuergerinnenUndBuerger/ArbeitundBeruf/ArbeitsJobsuche/ArbeitinDeutschland/Arbeitsmarktzulassung/index.htm GB F

– **Anerkennung von Qualifikationen / الإعتراف بالمؤهلات**

https://www.anerkennung-in-deutschland.de/html/de/drittstaaten.php GB

## 7. Wohnen

Viele Flüchtlinge fragen sich vermutlich, warum sie nicht in Wohnungen unterkommen können statt in Massenunterkünften. Das Asylverfahrensgesetz (AsylVfG) und das Asylbewerberleistungsgesetz (AsylbLG) sehen grundsätzlich vor, dass Asylsuchende und Geduldete in den ersten Wochen bis maximal drei Monate in Wohnheimen oder Sammelunterkünften wohnen. Oftmals zieht sich dieser Zustand aber über Jahre hin, woraus sich verschiedene Probleme ergeben können.

Die einzelnen Bundesländer haben Ermessensspielräume und können sich selbst im laufenden Asylverfahren von Fall zu Fall auch für die Unterbringung in Privatwohnungen entscheiden. Familien mit vielen Kindern oder alleinreisende Frauen mit Kindern werden bereits in der Notunterkunft bei der Bearbeitung ihres Verfahrens besonders unterstützt. Wohlfahrtsverbände mit lokalen Vertretungen wie die Malteser, die Samariter, die Caritas oder die Arbeiterwohlfahrt (AWO) helfen ihnen, geeigneten Wohnraum zu finden. Denn erst wenn die Familie mit ihren Kindern die Notunterkunft verlassen und einen festen Wohnsitz hat, haben die Kinder ein Anrecht auf Kita und Schule.

**روابط مهمة**

– **Arbeiten und Leben in Deutschland (Fachkräfte) /**
**الحياة والعمل في ألمانيا**
Hotline 0049 30 1815–1111
http://www.make-it-in-germany.com/de/fuer-fachkraefte/make-it-in-germany GB F
– **Berufliche Aus- und Weiterbildung / التطوير المهني**
http://kursnet-finden.arbeitsagentur.de/kurs/portal/bildungssuchende/migrationshintergrund.do

## ٧. السكن

الكثير من اللاّجئين يسألون أنفسهم على الأرجح، لماذا لا يسمح لهم السكن في شقق سكنية عادية، عوضاً عن هذه المساكن الجماعية. قانون إجراءات اللّجوء وقانون الخدمات المقدمة للاّجئين يتفقون مبدئياً، على أنَّ طالبي اللّجوء وأصحاب الإقامات المؤقتة في الأسابيع الأولى وكحد أقصى مدته ثلاثة أشهر، مجبرين على السكن في هذه المساكن الجماعية. في كثيرٍ من الأحيان يستغرق هذا الحال سنين عدة، مما يؤدي ذلك إلى ظهور مشاكل عديدة.

كل ولاية في ألمانيا لديها سلطة تقديريّة، وتستطيع إتخاذ القرارات في قضايا اللّجوء، وبتحديد شكل إيواء اللاّجئين، وفي كل قضية لجوء بشكل منفرد. العائلات مع أطفال كثيرة أو النساء الآتيات بمفردهن مع أطفالهن، هؤلاء يتم وضعهم في مراكز الإيواء، ويحصلون على دعم مكثف. الجمعيات الخيرية بمكاتبها التمثيليّه في تلك المراكز، مثل مالتيزر، أو ساماريتر أو آفو، يقومون بمساعدة تلك العائلات، لإيجاد شقق سكنية. إذا وجدت العائلة شقة سكنية، وإنتقلت من مركز الإيواء، يحق للأطفال في هذه الحالة الحصول على أماكن في الروضات والمدارس.

Anerkannte Flüchtlinge sind ausdrücklich befugt, sich eine eigene Wohnung zu suchen. Sie bekommen Wohngeld und haben Anspruch auf einen Wohnberechtigungsschein und damit auf eine günstige Sozialwohnung. Diese sind jedoch rar gesät und auch bei Deutschen mit geringem Einkommen sehr beliebt. In vielen Großstädten herrscht ohnehin Wohnungsmangel und die Mieten sind deutlich teurer als in kleineren Kommunen oder auf dem Land.

Anlaufstellen wie z.B. das Evangelische Jugend- und Fürsorgewerk in Berlin helfen Flüchtlingen bei der Wohnungssuche. Auch das Wohnungsamt oder das Sozialamt in der jeweiligen Stadt bieten Unterstützung. Über die private Initiative „Flüchtlinge Willkommen" lassen sich WG-Zimmer in ganz Deutschland finden, nicht nur bei Studenten, sondern zunehmend auch bei Familien, Paaren und älteren Leuten.

Wichtige Links

– **Frauenhäuser / مراكز إيوء النساء**

https://www.frauenhauskoordinierung.de/frauenhaussuche.html
https://www.autonome-frauenhaeuser-zif.de/de/autonome-frauenhaeuser/adressliste

– **WG-Zimmer (bundesweit) / غرف مشتركة**

www.fluechtlinge-willkommen.de ع

– **Evangelisches Jugend- und Fürsorgewerk (Berlin) /**
**المركز البروتستانتي للناشئين ومركز الرعاية الإجتماعي في برلين**

https://www.ejf.de/fluechtlingshilfe.html GB

## 8. Geld

Flüchtlinge erhalten in ihren kostenfreien Notunterkünften oder den zentralen Erstaufnahmeeinrichtungen Sachleistungen in Form von Kleidung und Verpflegung. Für den

اللّاجئون المعترف بهم يُخوّل لهم بالبحث عن شقق سكنية لهم. هؤلاء يحصلون على إعانة الإسكان، كما لهم الحق في الحصول على رخصة للسكن، وبالتالي الحصول على شقة رخيصة ومناسبة في إحدى المساكن الشعبية. وهذا النوع من المساكن يشكل حالة إستثنائية، وهو مفضل جداً من الألمان ذوي الدخل المنخفض. المدن الكبيرة تعاني من نقص في الشقق السكنيّة، مما يترتب عليه إرتفاع أجور الشقق بالمقارنة مع غيرها من الأماكن. الكثير من أصحاب الشقق يفضلون المستأجرين ذوي الوظيفة الثابتة والدخل المنتظم.

مراكز الإلتقاء، مثل المركز البروتستانتي للناشئين، ومركز الرعاية الإجتماعية في برلين، تقدم المساعدة للّاجئين في البحث عن الشقق السكنية. كذلك مكتب الإسكان، ومصلحة الشؤون الإجتماعية في المدن المعنيّة توفّر الدعم اللازم. أما عن طريق مجموعة المبادرة الخاصة (مرحبا باللّاجئين) فيمكن البحث عن غرفة، في إحدى الشقق المشتركة في جميع أنحاء ألمانيا، وليس فقط لدى الطلّاب، بل وبشكل متزايد لدى العائلات الألمانية والأزواج والأشخاص المسنين.

**روابط مهمة**

– **Hilfsorganisationen (u. a. Wohnungssuche) /**
**(منظمات إنسانية (البحث عن مساكن**

http://www.caritas.de/ GB
https://www.asb.de/de GB
https://www.malteser.de/
https://www.awo.org/
– **Diakonie / مؤسسة الدياكونيي المسيحية الإنسانية.**
https://www.diakonie.de/ GB F

## ٨. المال

خلال إقامة اللاجئين المجانية في مراكز الإيواء يحصل اللاجئون على خدمات ودعم على شكل ملابس ولوازم شخصية. ولتغطية اللوازم اليومية الأخرى، يحصل اللاجئون على دعم مالي على شكل قسائم شرائية،

weiteren „notwendigen Bedarf zur Deckung persönlicher Bedürfnisse des täglichen Lebens" werden vor allem Wertgutscheine ausgegeben. Bargeld wird nur noch in stark begrenztem Umfang ausgezahlt. Nach dem Verlassen der Erstaufnahme haben Asylbewerber Anspruch auf einen höheren Betrag. Nach 15 Monaten werden die Leistungen dem Niveau der Sozialhilfe angepasst. Die Kosten für die Wohnung oder Unterkunft übernehmen die Ämter direkt.

Geldgeschäfte werden in Deutschland oft bargeldlos abgewickelt, selbst beim Einkaufen im Supermarkt. Dazu ist jedoch ein (häufig kostenpflichtiges) Girokonto bei einer Bank oder Sparkasse notwendig. Auf dieses Konto werden auch die Sozialleistungen vom Staat oder das Gehalt durch den Arbeitgeber überwiesen. Mit einer Girokarte und einer zugehörigen Geheimnummer kann jeder Bankkunde Bargeld am Automaten abheben oder fast überall bargeldlos bezahlen. Geschäfte im Internet werden oft mit einer Kreditkarte abgewickelt oder über Online-Bezahlsysteme, über die man meist auch Geld verschicken kann. Direktüberweisungsverfahren laufen ebenfalls übers Internet. Prepaid-(Kredit)Karten hingegen kann man kaufen und mithilfe einer Pin bedienen. Es gibt sie z. B. mit einem Guthaben von 10 bis 100 Euro an Tankstellen, in Kiosken oder bei der Post.

Für fast alle diese Aktivitäten braucht man ein Bankkonto, das seit kurzem auch Flüchtlinge mit Duldungspapieren eröffnen können. Wichtig ist, dass das Dokument den Briefkopf einer inländischen Ausländerbehörde hat sowie Identitätsangaben wie Name, Geburtsort, Geburtsdatum, Staatsangehörigkeit und Anschrift, ein Foto, das Siegel der Ausländerbehörde und die Unterschrift des Ausstellers. Konten werden nur im Guthaben geführt. Ein Dispokredit wird Flüchtlingen nicht gewährt.

ونادراً ما تُدفع مبالغ مالية نقدية للاّجئين. بعد مغادرة مراكز اللّجوء، يحصل اللاّجئ على مساعدة مالية أكبر. وبعد مرور ١٥ شهراً على الإقامة يتساوى الدعم المالي مع المعونة الإجتماعية المقدمة من الدولة. أما تكاليف السكن والمعيشة فتتكفل بها الدولة.

المعاملات المالية في ألمانيا تتم غالباً عن طريق الحولات البنكية أو الدفع الإلكتروني، حتى في محلات المواد التموينيّة. لكن هذا يتطلب حساب بنكي في أحد البنوك (في الأغلب مقابل رسوم شهرية). على هذا الحساب البنكي يتم تحويل مبالغ الخدمات الإجتماعية من الدولة أو الراتب الشهري عن طريق صاحب العمل. يستطيع كل عميل عن طريق بطاقة بنكية ورقم سري سحب مبالغ ماليّة، أو الدفع بواسطة هذه البطاقة في الكثير من المحلات التجارية. المعاملات التي تتم عن طريق الإنترنت، يتم دفعها غالباً بواسطة بطاقة إئتمان، أو بواسطة نظام الدفع الإلكترونيّ، الذي يتم عن طريقه إرسال حولات ماليّة. عملية تحويل المبالغ المباشرة والسريعة تتم أيضاً عبر الإنترنت. بطاقات الإئتمان المسبوقة الدفع تحتاج إلى إدخال رقم سريّ عند عملية الدفع، وتتوفّر هذه البطاقات برصيد من ١٠ إلى ١٠٠ يورو، وتكون متوفّرة لدى محطات بيع الوقود، ومحلات البقالة، وعند مكاتب البريد.

هذا الحساب البنكي، اللازم في الكثير من المعاملات، أصبح منذ فترة قصيرة مسموحاً به للاّجئين وأصحاب الإقامات المؤقته. من المهم جداً، وللحصول على حساب بنكي، أن يحتوي رأس المستند على إسم دائرة أجانب محلية، وأنْ تتوفّر المعلومات الشخصية، مثل الإسم ومكان وتاريخ الولادة، بالإضافة إلى الجنسية والعنوان، وصورة شخصية، وختم الدائرة وتوقيع الموظف المختصّ، وتقديمها للبنك. هذه الحسابات البنكية للرصيد فقط، ولا يمنح للاّجئين نظام السحب بدون رصيد.

Wichtige Links

- **Allgemeine Information zu Girokonten und Krediten / معلومات عامة عن الحسابات البنكية**

https://www.bamf.de/DE/Willkommen/BankenVersicherungen/Banken/banken-node.html GB

- **Direktüberweisungssysteme / نظام التحويل المباشر**

https://t3n.de/news/direkt-ueberweisung-alle-507977/

## 9. Gesundheit

Das deutsche Gesundheitssystem ist weltweit vorbildlich. Die meisten Menschen sind über eine gesetzliche Krankenkasse versichert und zahlen einen monatlichen Beitrag, der von der Höhe des Gehalts abhängt. Nur wer relativ viel verdient, kann auch in eine private Krankenversicherung wechseln. Beim Arztbesuch muss der Patient seine Versichertenkarte vorzeigen, über die die Behandlung abgerechnet wird. Der Kassenpatient muss gelegentlich Zuzahlungen für besondere Behandlungen leisten, während der Privatpatient eine Rechnung bekommt, die er sich von seiner Versicherung später erstatten lassen kann.

Im Krankheitsfall führt der erste Weg in der Regel zu einem Haus- oder Allgemeinarzt, der nach gründlicher Untersuchung eine Überweisung an den erforderlichen Facharzt ausstellt. Zu Zahnärzten geht man bei akuten Schmerzen direkt und zur Prophylaxe einmal im Jahr.

Bei den meisten Ärzten und besonders bei Fachärzten (Augen-, Haut-, Frauen-, Hals-Nasen-Ohren-Arzt etc.) benötigt man einen Termin und muss sich mitunter auf lange Wartezeiten einstellen. In Notfällen kann man sich selbstständig in die Notaufnahme eines Krankenhauses in der

**روابط مهمة**

**البطاقات مسبوقة الدفع / Prepaid-Kreditkarten –**

https://www.kreditkartenvergleich.net/prepaid-kreditkarten.html

**نظام الدفع عن طريق الإنترنت / Online-Bezahlsysteme –**

https://www.bsi-fuer-buerger.de/SharedDocs/Downloads/DE/BSIFB/BezahlsystemAnbieter.pdf?__blob=publicationFile

## ٩. الصحّة

النظام الصحي الألماني يعتبر نموذجاً لجميع دول العالم. أغلب الألمان يتم تأمينهم عن طريق التأمين الصحيّ الحكوميّ، ويدفعون رسوماً شهريّة في المقابل، تعتمد على دخلهم الفرد الشهريّ. أصحاب الدخل الشهريّ المرتفع يحق لهم الإنتقال إلى شركات التأمين الخاصّة. يتم إبراز بطاقة التأمين الصحيّ عند زيارة الطبيب، والتي يتم من خلالها دفع تكاليف العلاج من قِبل التأمين. هناك بعض الرسوم الإضافية، التي يتحملها المريض، والمترتبة على خدمات علاج خاصّة. أصحاب التأمين الخاصّ يُطلب منهم بالمقابل تسديد تكاليف العلاج كاملة، ويتم إصدار فاتورة لهم بالمبلغ، والتي عن طريقها يتم تحصيل هذه التكاليف من شركات التأمين الخاصّة.

في حالة المرض يتوجه المريض عموماً إلى طبيب الأسرة أو الطبيب العام، والذي يقوم بدوره بعمل الفحوصات الدقيقة اللازمة، ويتم بعدها تحويل المريض إلى الطبيب المختصّ، إذا لزم الأمر. عند الشعور بآلام شديدة في الأسنان يتوجه المريض إلى طبيب الأسنان، ولحماية الأسنان وللمحافظة عليها سليمة يتوجب زيارة طبيب الأسنان مرة واحدة على الأقل في السنة.

لدى أغلب الأطباء، خاصّة الأطباء المتخصّصين في أمراض (العيون والجلد والنساء والأنف والأذن والحنجرة وغيرها)، يحتاج المريض إلى موعد، وفي أغلب الأحيان ينتظر المرء طويلاً، حتى يحصل على هذا الموعد. في الحالات الطارئة ممكن للمريض التوجه إلى أحد أقسام الإسعاف والطوارئ التابعة لأحد المستشفيات المجاورة،

Nähe begeben oder die bundesweit einheitliche Telefonnummer 112 für den Rettungsdienst wählen.

Werden vom Arzt rezeptpflichtige Medikamente verordnet, ist in der Apotheke ein Selbstkostenanteil von maximal 10 Euro zu zahlen. Für Kinder und Jugendliche sind fast alle Medikamente auf Rezeptbasis kostenlos.

Laut Asylbewerberleistungsgesetz (AsylbLG) haben Flüchtlinge nur einen eingeschränkten Anspruch auf gesundheitliche Versorgung. Bei akuten und erst recht lebensbedrohlichen Fällen besteht ein Recht auf Behandlung. Sonst ist jeder Arztbesuch vorab bei der zuständigen Behörde (Sozialhilfeträger) zu beantragen. In einigen Bundesländern erhalten auch Flüchtlinge eine Gesundheitskarte. Damit können sie direkt zum Arzt gehen.

Die Zahl von traumatisierten Kindern und Erwachsenen steigt. Deshalb wird die Betreuung von Flüchtlingen durch Psychologen und Psychotherapeuten immer wichtiger. In den Notunterkünften arbeiten viele von ihnen ehrenamtlich. Eine kontinuierliche Hilfe befindet sich in vielen Bundesländern im Aufbau. In Härtefällen kann über den Antragsweg auch eine klinische Aufnahme erfolgen.

In Deutschland haben Ärzte eine gesetzliche Schweigepflicht und dürfen ohne Zustimmung der Patienten weder an Behörden noch an Arbeitgeber oder Familienmitglieder Informationen über die Behandlung oder Krankheit weitergeben. Frauen dürfen auch von männlichen Ärzten behandelt werden und umgekehrt.

Für Kinder und Heranwachsende gibt es ein spezielles System von kostenlosen Früherkennungsuntersuchungen und einen speziellen Impfkalender.

أو الإتصال، في الحالات الخطرة، على رقم خدمة الإنقاذ ١١٢، وهو رقم موحد لكل ألمانيا.

أغلب الأدوية لا تُصرف إلا بعد إبراز وصفة طبيّة من الطبيب، ويترتب على بعض الأدوية مبالغ مالية صغيرة، لا تتجاوز مبلغ ١٠ يورو، يتحملها المريض. أما بالنسبة للأطفال والقاصرين فتُصرف أغلب الأدوية مجانية، إلاّ في حالات إستثنائية قليلة.

حسب قانون الخدمات لطالبي اللّجوء، يتمتع اللاّجئون بحق محدود في العلاج الطبي. في الحالات الصحية الصعبة، أو الحالات التي فيها تهديداً لحياة المريض، يحصل المريض على حق العلاج. في غير هذه الحالات تتطلب زيارة الطبيب تقديم طلب لدى الدائرة الحكوميّة المختصّة. أما اللاّجئون، الذين يعانون من أمراض نفسية، بسبب ما تعرضوا له في مناطق الحروب، فيحصلون لدى مؤسسة كاريتاس أو مؤسسة دياكوني أو الصليب الأحمر الألماني (DRK) ، وبفضل العدد الكبير من التبرعات، على المساعدة والعلاج. في بعض الولايات يحصل اللاّجئون على بطاقة التأمين الصحي، والتي يستطيعون من خلالها الذهاب مباشرةً إلى الطبيب.

أعداد الأطفال والبالغين المضطربين نفسياً، بسبب الحروب والمناظر الشنيعة التي عاشوها في بلادهم، في إرتفاع مستمر. لذلك يزيد الإهتمام بمساعدتهم عن طريق أطباء ومتخصصين للعلاج النفسي، الذين يعملون بشكل تطوعي في مراكز الإيواء. ما زال العمل جار في الكثير من الولايات على توفير مثل هذه الإعانة بشكل دائم. في بعض الحالات يتم الاستعانة بالمستشفيات المتخصصة.

يسود في ألمانيا قانون الكتمان وحِفظ الأسرار على الأطباء، ولذلك لا يحق لهم التصريح بمعلومات للدوائر الحكومية أو لصاحب العمل، أو حتى للأقارب عن حالة المريض أو نوع المرض، الذي يعاني منه، بدون موافقته الرسميّة. كذلك من الطبيعي أن يقدم أطباء رجال معالجة طبية للنساء، أو العكس أيضاً.

للأطفال ولمن هم في مرحلة النمو توفّر الدولة نظاماً خاصّاً ومجانيّاً للكشف المبكر عن الأمراض، وبرنامج تقويم خاصّ بجرعات التطعيم.

### Wichtige Links

– **Allgemeine Information zur Gesundheitskarte für Flüchtlinge / معلومات عامة عن باطاقات التأمين الصحّي للاجئين**

http://www.bmg.bund.de/ministerium/meldungen/2015/bund-laender-vereinbarungen.html GB

– **Ärtzlicher Bereitschaftsdienst: bundesweiter Notruf 116.117 / رقم هاتف طوارئ لكل ألمانيا**

– **Medizinische Vermittlungs- und Beratungsstelle für Flüchtlinge / إرشادات صحيّة للاجئين**

http://www.medibuero-hamburg.org/deutsch GB F

## 10. Glauben im Alltag

Laut dem Grundgesetz hat jeder Mensch in Deutschland das Recht auf Religionsfreiheit. Die meisten Deutschen sind traditionell Christen. Doch nur vergleichsweise wenige leben ihren Glauben aktiv, indem sie z. B. sonntags in eine der vielen Kirchen zum Gottesdienst gehen. Nur an hohen kirchlichen Feiertagen wie an Weihnachten, wenn die Geburt von Jesus Christus gefeiert wird, oder an Ostern, dem Gedächtnis der Auferstehung nach seinem Kreuzestod, sind die Gotteshäuser richtig gut besucht. Auch gibt es, was das religiöse Leben betrifft, große regionale Unterschiede: In den meisten ostdeutschen Bundesländern und in Berlin, Hamburg und Bremen spielt die christliche Kirche kaum noch eine Rolle im Leben der Menschen. Wie und ob sich jemand zu Gott/Allah, Jesus oder Buddha bekennt, ist jedem selbst überlassen und geht den Staat nichts an. Der Staat wiederum garantiert freie Religionsausübung – im Rahmen der Gesetze.

Dementsprechend gibt es in Deutschland neben den christlichen Kirchen auch Gotteshäuser für Andersgläubige, z. B. Synagogen für Juden und Moscheen für Muslime. Auch religiöse Minderheiten wie Alawiten bzw. Nusairier und jesidische Gemeinschaften haben mittlerweile in Deutschland ein Zuhause gefunden.

**روابط مهمة**

- **Kliniken Deutsches Rotes Kreuz (DRK) / مستشفيات الصليب الأحمر الألماني**
http://www.drk.de/adressen/krankenhaeuser.html
- **Psychologische Betreuung von Flüchtlingen / العناية النفسية للاجئين**
http://www.migrationsdienste.org/angebote/psychotherapie.html GB
https://www.uno-fluechtlingshilfe.de/projekte/themen/betreuung-therapie.html

## ١٠. الدين والحياة

حسب الدستور الألماني فلكل فرد الحق في حريّة إختيار الدين. الأغلبية العظمى من الألمان هم عُرفياً من المسيحيين. القليل منهم فقط يطبقون تعاليم دينهم بشكل يوميّ، كالذهاب في أيام الأحد للصلاة في الكنائس. فقط في أيام الأعياد الكنائسيّة الكبيرة تكتظ الكنائس بالمُصلين، مثل الإحتفال بعيد ميلاد المسيح، عليه السلام، أو عيد الفصح، الذي يتم فيه تخليد ذكرى مبعث السيد المسيح بعد صلبه، في هذه الأيام تكون الكنائس مكتظة بالناس. بالنسبة للحياة الدينية بشكل عام، فهناك إختلافات إقليمية كبيرة في داخل ألمانيا، ففي أغلب الولايات الأقليميّة الشرقيّة من ألمانيا، وفي برلين وهامبورغ وبريمين، لا تكاد تلعب الكنيسة المسيحيّة أي دور في حياة الناس اليوميّة. وجود أناس يعترفون بوجود الله، أو يؤمنون بالمسيح عليه السلام، أو بوذا، فهذا أمر لا يخصّ الدولة. فالدولة تعمل على ضمان حرّية الأديان، وتوفير الحق في تطبيق الشعائر الدينية للجميع، ولكن ضمن الأطر القانونية.

وفقاً لذلك يوجد في ألمانيا، بجانب الكنائس المسيحية، بيوتاً لعبادة اللّه لمعتنقي الديانات الأخرى، فمثلا توجد المعابد اليهودية، وتوجد المساجد للمسلمين. حتى الأقليات الدينيّة، مثل الجاليات العلويّة أو النصيرية والطائفة اليزيديّة وجدوا في ألمانيا بيوتاً يجتمعون فيها.

Wer als Muslim Kontakt zu einer der rund 2.400 hiesigen Moscheen sucht, kann über die Internetseite www.moschee-suche.de in fast jeder Stadt fündig werden. Auf den Internetseiten einiger Städte findet man ebenfalls Hinweise zu islamischen Gemeinden. Diese sind teilweise sogar differenziert nach sunnitischen, alevitischen, schiitischen und Ahmadiyya-Gemeinden aufgelistet. Auch viele christliche Initiativen wie die Caritas, die Diakonie oder die katholischen und evangelischen Gemeinden vor Ort bieten Flüchtlingen egal welcher Konfession ihre Unterstützung bei Problemen im Alltag an.

Wichtige Links

– **Moscheen / مساجد**
www.moscheesuche.de

## 11. Polizei und andere Helfer in Uniform

Nicht überall auf der Welt gilt der Leitspruch „Die Polizei – Dein Freund und Helfer". In Deutschland jedoch ist dieses Motto seit bald hundert Jahren ein geflügeltes Wort, und sehr viele Menschen suchen vertrauensvoll Rat, Unterstützung und Hilfe bei der Polizei – ob es sich nun um Verkehrsunfälle, Verbrechen wie Einbruch und Körperverletzung oder Bagatellen wie Ruhestörung handelt. Auch viele Flüchtlinge haben sich bei ihrer Ankunft in Deutschland zuallererst auf einer Polizeiwache gemeldet oder sich bereits beim Grenzübertritt von Polizeibeamten registrieren lassen.

Die wichtigste Aufgabe der Polizei ist, für die innere Sicherheit zu sorgen. Die Beamten tun dies im Verkehr, aber z. B. auch bei Demonstrationen und anderen Großveranstaltungen. Außerdem natürlich in der Verbrechensbekämp-

يوجد في ألمانيا حوالي ٢٤٠٠ مسجداً للمسلمين منتشرة في جميع الولايات، تحت الرابط التالي يستطيع المرء معرفة المزيد عن هذه المساجد، ومعرفة مواقعها www.moscheesuche.de. كما تتوفّر على المواقع الرئيسيّة لبعض المدن الألمانية على شبكة الإنترنت معلومات عامة عن الجاليات الإسلاميّة المتعددة الطوائف المجودة في تلك المدن، مثل الجاليات الشيعيّة والعلويّة والأحمديّة، بالإضافة لأبناء الطائفة السنيّة. العديد من جمعيات المبادرات المسيحية مثل كاريتاس ودياكوني أو الجاليات الكاثوليكية والبروتستانتية يتواجدون في مراكز الإيواء ويقدمون يد المساعدة للاّجئين في المشاكل التي تواجههم يومياً بغض النظر عن دياناتهم.

**روابط مهمة**

– **Islamische Organisationen in Deutschland /**
**منظمات إسلاميّة في ألمانيا**
https://de.wikipedia.org/wiki/Islamische_Organisationen_in_Deutschland

## ١١. الشرطة ومساعدون آخرون بالزّي الرسمي

»الشرطي... صديقك ومعاونك« مقولة يعرفها العالم، ولكنها وفي أغلب البلدان لا تُطبّق بالشكل الصحيح. في ألمانيا يتم تطبيق هذا الشعار منذ قرابة المئة سنة، فالعديد من الألمان يثقون في الشرطة، ويعملون بنصيحتها، ويطلبون عونها في حوادث السيّر وحالات الجرائم والسطو وحتى حالات الإزعاج. بالنسبة للكثير من اللاّجئين كانت الشرطة أول دائرة حكوميّة ألمانية إستقبلتهم على الحدود الألمانية، أو في مخافر الشرطة لتسجيل أنفسهم كطالبي لجوء.

من أهم واجبات الشرطة هي الحفاظ على الأمن في البلاد. تقوم رجال الشرطة بالمحافظة على حركة المرور، أو على سبيل المثال الحفاظ على سير المظاهرات أو النشاطات الكبيرة بشكلٍ سلمي. من

fung, ob nun in Uniform oder in Zivil. Zunehmend sind auch Frauen bei der Polizei tätig. Sie haben die gleichen Rechte und Pflichten wie ihre männlichen Kollegen. Das bedeutet umgekehrt, dass Männer und Frauen sich widerspruchslos ihren Anweisungen fügen müssen.

Den Notruf der Polizei erreicht man bundesweit unter der Telefonnummer 110. Hier werden die ersten Angaben des Anrufers aufgenommen. Die Notrufzentrale entscheidet dann, was zu tun ist und ob eventuell gleich ein Streifenwagen mit mehreren Beamten vorbeigeschickt werden sollte.

Bei Unfällen ist unter der einheitlichen Nummer 112 die Rettungsstelle anzurufen. Sie gehört zur Feuerwehr, die in Deutschland nicht nur Brände löscht, sondern allgemein bei der Rettung von Menschen oder in sonstigen Gefahrensituationen oft die erste Instanz am Ort des Geschehens ist.

Bei Großeinsätzen wie Überschwemmungen, flächenübergreifenden Bränden, schweren Straßenunfällen oder Chemiekatastrophen wird auch das Technische Hilfswerk (THW) zur Unterstützung hinzugezogen. Wohingegen die deutsche Armee, die Bundeswehr, in der Regel nur für die Außenverteidigung des Landes zuständig ist.

Die Bundespolizei unterstützt als Sondereinheit z. B. die Sicherung der Grenzen. Sie ist aber auch auf Bahnhöfen und am Flughafen aktiv, so dass ankommende Flüchtlinge mit ihr in Kontakt kommen können.

Nicht unerwähnt bleiben sollen die Zollbeamten mit ihren grünen Uniformen. Sie sind u.a. für Schmuggel von Waren bei der Ein- und Ausreise und für die Aufdeckung von Schwarzarbeit zuständig.

مهام رجال الشرطة كذلك مكافحة الجرائم، سواء أكانوا مرتدين الزِّي الرسمي أو ملابسهم المدنية. الجدير بالذكر هنا وجود عدد كبير من النساء اللاتي يمارسن هذه المهنة، وتمتعن بالتالي بنفس الحقوق التي يتمتع بها زملائهن من الرجال. هذا يعني وجوب إتباع تعليماتهن والإلتزام بها من قِبَل أفراد الشعب، رجالاً كانوا أو نساء.

في الحالات الطارئة يتم الإتصال برقم هاتف الطوارئ (١١٠)، هناك يتم أولاً أخذ البيانات من المُتّصل، ومن ثم تقوم وحدة الطوارئ بإتخاذ الإجراءات اللازمة، وإرسال دورية شرطة أو أكثر، إذا لزم الأمر.

عند وقوع الحوادث يرجى الإتصال على الرقم المُوحد لفرقة الإنقاذ (١١٢)، والذي يعود إلى وحدة الدفاع المدني في ألمانيا، المسؤولة عن إطفاء الحرائق وعمليات الإنقاذ بشتى أنواعها. وهي غالباً ما تكون أول الوحدات المساعِدة الواصلة إلى مكان الحادث.

في عمليات الإنقاذ الكبيرة مثل الفيضانات والحرائق، وعلى مساحاتٍ كبيرة، وحوادث السيرالصعبة، أو الكوارث في المصانع والمعامل الكميائيّة يتم الإستعانة بوحدة الإغاثة الفنيّة. أما الجيش الإتحاديّ الألماني فهو مسؤول عن حماية البلاد من أي إعتداء خارجيّ.

الشرطة الإتحادية تدعم، كوحدة خاصّة، حماية الحدود الألمانية وحفظ أمنها. وتنشط كذلك في محطات القطارات والمطارات، وتقوم بواجباتها في دعم اللاّجئين.

ولا يغيب عن أذهاننا أيضاً عمل موظفي الجمارك بزيهم الأخضر، فهم المسؤلون عن مراقبة عمليات تهريب البضائع من وإلى داخل ألمانيا، وكذلك يقوم عمال الجمارك بعمليات التفتيش في سوق العمل، بحثاً عن مخالفين.

Wichtige Links

– **Polizei / أرقام هواتف الشرطة**
bundesweiter Notruf 110 / لكل ألمانيا
http://www.polizei.de/

– **Rettungsdienst/Feuerwehr / الإطفاء**
bundesweiter Notruf 112 / لكل ألمانيا
http://www.feuerwehr.de/

## 12. Medien

Das Fernsehen ist das Medium, das am weitesten verbreitet ist. Immerhin 66 % aller Deutschen hören täglich einen von rund 400 Radiosendern, im Internet surfen rund 80 %. Ungefähr die Hälfte liest täglich eine der ca. 350 Tageszeitungen. Diese haben eine Gesamtauflage von 25 Millionen.

Die Medien setzen eigene Themen. Sie informieren nicht nur, sondern kritisieren auch die Regierung oder Religionsgemeinschaften. Sie haben somit eine gewisse Kontrollfunktion und beeinflussen stark die öffentliche Meinung. Deshalb werden sie auch als „vierte Macht im Staat" bezeichnet. Die Presse- und Kommunikationsfreiheit ist in Artikel 5 des Grundgesetzes verankert. Das Recht auf freie Meinungsäußerung endet allerdings dort, wo Menschen diskriminiert oder beleidigt werden.

Viele Zeitungen, Radio- und TV-Sender und ihre Internetangebote gehören privaten Verlegern. Vor allem kostenlos zugängliche Internetseiten werden über Werbung finanziert. Neben den regionalen und einigen überregionalen Zeitungen findet man am Kiosk viele Boulevardtitel, wie die *BILD*-Zeitung mit einer verkauften Auflage von gut 2 Millionen Exemplaren täglich.

**روابط مهمة**

**– Weitere Notfallnummern / للمزيد من أرقام الطوارئ**
https://www.dastelefonbuch.de/Notfallrufnummern

# ١٢. الإعلام

يُعد التلفاز وسيلة الإعلام الأغلب إنتشاراً في ألمانيا، ويستمع كذلك نحو ٦٦٪ من الألمان يومياً إلى واحدة من محطات الإذاعة، البالغ عددها الإجماليّ حوالي ٤٠٠ محطة إذاعية، أما في الشبكة العنكبوتية، شبكة الإنترنت فيُبحر يومياً ما يقارب ٨٠٪ من الشعب الألمانيّ. يومياً يقرأ نصف الألمان إحدى الصحف اليومية، الواصل عددها إلى ما يقارب ٣٥٠ صحيفة يومية، والمُقدّر عدد طبعاتها بحوالي ٢٥ مليون نسخة يومياً.

الإعلام هي الجهة المسؤولة عن نشر الأخبار ونقل المعلومات، ولا تقتصر مهمتها على عملية النشر وحسب، بل تقوم أيضاً بمهام متنوعة أخرى، مثل نقد النظام الحاكم أو حتى المؤسسات الدينية المختلفة. بذلك أخذ الإعلام دور المراقب في المجتمع، الشيء الذي ساهم بشكل كبير في التأثير على الرأي العام، ولذلك يطلق على الإعلام إسم السلطة الرابعة. حريّة الإعلام والصحافة مكفولة في المادة الخامسة من الدستور الألمانيّ. لكن الحق في حرية التعبير عن الرأي ينتهي عندما يكون فيه تمييزاً عنصرياً أو إهانة لأي عرق أو دين.

الكثير من الصحف ومحطات الإذاعة وقنوات التلفاز ومواقعها على شبكة الإنترنت تعود ملكيتها إلى شركات خاصّة، وبالأخص صفحات الإنترنت المتاحة مجاناً للجميع، والتي يتم تمويلها عن طريق الإعلانات. إلى العديد من الصحف المحلية والإقليمية توجد صحف شعبية أيضاً، مثل صحيفة بِلْد الألمانية، والتي تبيع حوالي مليوني نسخة يومياً.

Es gibt in Deutschland staatliche und private Fernseh- und Radiosender. Die wichtigsten überregionalen öffentlich-rechtlichen Rundfunkanstalten sind ARD, ein Zusammenschluss aus neun Landesrundfunkanstalten sowie der Deutschen Welle, und das ZDF. Das Deutschlandradio ist ebenfalls öffentlich-rechtlich. Sie alle werden durch Gebühren von jedem Haushalt finanziert.

Beiträge von professionellen Journalisten, aber auch von Leserreportern und Bloggern, die ihre Artikel, Fotos oder Filme ins Internet stellen, gewinnen zunehmend an Bedeutung. Insbesondere die Social-Media-Dienste Facebook, Twitter und YouTube sind immer wichtiger werdende Informationskanäle.

Noch gibt es in der deutschen Öffentlichkeit vergleichsweise wenige Orte mit frei zugänglichen Hot Spots bzw. Open WLAN. Schnellimbisse, Restaurants und Cafés bieten ihren Kunden aber immer häufiger kostenlosen Internetzugang an. Auch in vielen öffentlichen Bibliotheken und in immer mehr Geschäften kann man sich frei einloggen. Darüber hinaus gibt es mittlerweile diverse Apps, mit deren Hilfe man Free-WiFi-Zonen orten kann. Eine andere Möglichkeit, Zugang zum Internet zu bekommen, sind Prepaid-Telefonkarten mit Internet-Flat.

*ACHTUNG: Beim illegalen Herunterladen (Downloads) von Musik oder Filmen aus dem Internet können rasch sehr hohe Geldstrafen entstehen. Am besten informiert man sich vorher genau, was erlaubt ist und was nicht.*

في ألمانيا توجد قنوات تلفزيونية ومحطات إذاعة حكومية، وأُخرى خاصة. من أهم المحطات الإذاعية على مستوى البلاد، المؤسسة العامة للإذاعة والتلفزيون (ARD) ، والتي نشأت نتيجة لإندماج تسع محطات بث محلية، وتتمتع بحقوق بث عامة وقانونيّة. إضافة إلى ذلك هناك إذاعة صوت ألمانيا (DW) والتلفزيون الألماني الثاني (ZDF). مؤسسة الإذاعة الألمانية تتمتع أيضاً بحقوق بث عامة وقانونيّة. جميع هذه المؤسسات يتم تمويلهم عن طريق رسوم مفروضة على كل بيت في ألمانيا.

مقالات الصحفيين المحترفين والقرّاء والمدونين، الذين ينشرون مقالاتهم أو مواضيعهم أوصورهم أو فيديوهاتهم في الإنترنت، وبالأخص مواقع التواصل الإجتماعية مثل فيسبوك، وتويتر، ويوتيوب، تحظى بإهتمام كبير، وتزداد أهميتها تزداد يوماً بعد يوم كوسيلة لأخذ المعلومات.

تعمل الدولة الألمانية على توفير لواقط لشبكة الإنترنت في الأماكن العامة، ولكن إلى الآن يوجد أماكن قليلة فقط مزودة بتلك الخدمة. الكثير من محلات وجبات الأكل السريعة والمطاعم والمقاهي يوَفّرون لزبائنهم خدمة الإنترنت مجاناً. أيضاً في العديد من المكتبات العامة، والكثير من المحلات التجارية توَفّر خدمة الإنترنت مجاناً. توجد أيضاً تطبيقات حديثة للهواتف الذكيه، التي يمكن عن طريقها معرفة الأماكن، التي توجد فيها خدمة الإنترنت السجانيّة. بفضل بطاقات الهواتف المدفوعة مسبقاً وعقود الهواتف المقدمة منشركات الإتصالات أصبحت خدمة الإنترنت في متوفّرة للجميع.

تنبيه مخالفة القوانين وتحميل الموسيقى والأفلام بطريق ملتوية وغير قانونيّة تترتب عليها غرامات ماليّة كبيرة. لتفادي ذلك يُنصح بالإستفسار عن القوانين المهمة المتعلقة بذلك.

- **kostenloses WLAN / شبكة لاسلكية مجانية**

www.freie-hotspots.de GB

- **Prepaid-Telefonkarten mit Internet-Flat (Vergleich) / بطاقات هواتف مع خدمة الإنترنت المجاني**

http://www.simtarife.de/

- **(Illegale) Downloads /**
  **كل ما يتعلق بالتحميل الغير قانوني من الإنترنت**

http://www.bmjv.de/DE/Themen/InternetundDatensicherheit/Abmahnungen/_doc/_doc.html GB F

# 33 nützliche Hinweise

Um besser mit den Deutschen und ihren Gepflogenheiten zurechtzukommen, sollte man ihre Regeln und Gewohnheiten möglichst gut kennen. Die folgende Zusammenstellung von Tipps zum Alltagsleben erhebt keinerlei Anspruch auf Vollständigkeit, und auch nicht alle Deutschen halten sich daran. Aber es kann nicht schaden, sich genauer mit diesen ungeschriebenen Regeln zu befassen.

## Zwischenmenschliches Verhalten

1. Pünktlichkeit wird in Deutschland großgeschrieben. Wer absehen kann, dass er sich mehrere Minuten verspäten wird, sollte dies telefonisch ankündigen. Für Schule, Ausbildungsplatz und Arbeitsstelle ist das sogar zwingend. Eine Entschuldigung und eine Begründung für die Verspätung wird allgemein erwartet.

2. Wie in anderen Kulturen ist es auch in Deutschland üblich, dass wer an einen Ort kommt oder diesen verlässt, die anderen Anwesenden begrüßt oder sich von ihnen verabschiedet. Insbesondere bei älteren Leuten und in formalen Situationen verwendet man die Ausdrücke „Guten Tag“ und „Auf Wiedersehen“ (je nach Region gibt es auch andere Begrüßungsformeln wie z. B. „Grüß Gott“ in Bayern). Bei jüngeren Leuten kann man auch „Hi“, „Hallo“ und „Tschüss“ oder einfach nur „Ciao“ sagen.

3. Möchte man jemanden um etwas bitten, sollte man in seiner Frage entsprechend das Wort „bitte“ gebrauchen. „Vielen Dank“, „herzlichen Dank“ oder einfach „danke“ sind die üblichen Ausdrücke des Danks.

4. Bei der direkten persönlichen Begrüßung geben sich viele Deutsche die Hand. Dabei spielt keine Rolle, ob es sich

# نصائح وإرشادات للحياة اليومية

حتى يتسنى لأي شخص الإندماج في أي مجتمع بشكل أفضل وأسرع، لابد أولاً من التعرّف على عادات وأعراف هذا المجتمع، والقواعد المتبعة فيه. النصائح المذكورة أدناه هي عبارة عن قواعد، معاد صياغتها، لتسهيل الحياة اليومية. لا نقصد أبداً بتوجيه تلك النصائح كمال مجتمعاتنا، ولا يلتزم كل ألمان أصلاً بهذه القواعد، ولكن من المفيد الإطلاع على هذه النصائح والإرشادات، ومحاولة تطبيقها.

## السلوك العام والتعامل مع الآخرين

١. الدقة وإحترام المواعيد لها أهمية وثقل كبير في المجتمع ألماني. لذلك يُنصح في حال حدوث عائق، يحول دون الوصول في الموعد، وإن كان ذلك التأخير في حدود العشرة دقائق، يُنصح بتبليغ الطرف الآخر بهذا التأخير هاتفياً. في المدارس والعمل يُعد ذلك أمراً بديهيّاً وإلزامياً. يعتذر الشخص عند قدومه متأخراً.

٢. كما هو الحال في جميع الثقافات، يُعد إلقاء التحية على الآخرين أمراً مُحبباً لدى الألمان. يُلقي القادم التحية على الآخرين أو ويدعهم عند الذهاب. بالأخصّ على الكبار في السن أو في المواقف الرسمية يُلقي المرء التحية في ألمانيا بقوله (غوتن تاغ / نهاراً سعيداً)، و(أوْف فيدر زيهِن / إلى اللقاء). تختلف صيغة التحيةفي ألمانيا من إقليم إلى آخر، كما هو الحال في ولاية باڤاريا مثلاً، إذ يُسلم الشخص بقوله (غروس غوتّ / سلام الله)، أما بيْن الأصدقاء فيقول الشخص (هالو / مرحباً) و (تشوس / مع السلامة).

٣. يسأل الإنسان بطريقة لبقة، ولذلك يقول الشخص في آخر كلامه (من فضلك/Bitte). أما لتقديم الشكر، فيقول الشخص (شكراً، شكراً جزيلاً/Danke, herzlichen Dank).

٤. لدى تقديم التحية المباشرة يمد الكثير من الألمان يدهم للمصافحة، لا فرق إن كان الطرفان رجلان آو إمرأتان أو رجلاً وإمرأة. بيْن

um zwei Männer, zwei Frauen oder Mann und Frau handelt. In einigen Regionen sowie unter Freunden gibt man sich auch ein, zwei Wangenküsse oder umarmt sich. Das hat nichts mit körperlichem Begehren zu tun.

5. Ein Lächeln ist oft nur ein Zeichen von Freundlichkeit und signalisiert nicht notwendigerweise persönliches Interesse. Umgekehrt wirken manche Deutsche unfreundlicher, als sie eigentlich sind. Im Zweifelsfall lächelt man einfach selbst, das lockert die Atmosphäre.

6. Die meisten deutschen Frauen mögen es nicht, wenn sie zu offensiv kontaktiert („angemacht") werden. Bei den ersten Begegnungen sollte man lieber zurückhaltend sein.

7. Viele Menschen legen großen Wert auf ihre Privatsphäre und möchten nicht von anderen bedrängt werden. Deshalb ist es üblich, bei geschlossenen Zimmertüren immer anzuklopfen, sich nicht zu dicht neben jemanden zu setzen oder vor jemanden zu stellen und niemandem ein längeres Gespräch aufzuzwingen.

8. Manche Deutsche haben einen eigenartigen Humor, der sehr ironisch sein kann. Im Zweifelsfall lieber nachfragen, wie etwas gemeint ist.

9. Andere wirken so, als hätten sie überhaupt keinen Humor. Das muss nicht so sein, sie sind vielleicht einfach nur vom Typ her nachdenklich und ernst.

10. Viele sagen frei heraus, was sie denken, und beschönigen nichts. Das kann verletzend wirken, ist aber meistens nicht so gemeint.

## Wohnung und Auto

11. Viele Deutsche bitten ihre Gäste am Wohnungseingang, die Schuhe auszuziehen.

الأصدقاء تكون التحية أحياناً بإعطاء قبلة أو إثنتين على الخد، أو المعانقة، وهذا ليس بدافع الرغبة الجسديّة.

٥. الإبتسامة تُعبر عن لطافة الإنسان، ولا تعني بالضرورة إهتماماً شخصياً. يبدو بعض الألمان غير لطيفين، الأمر الذي لا يعكس بالضرورة جوهرهم. في حالة الإرتياب يبتسم الشخص لتلطيف الجو.

٦. أغلب النساء الألمانيّات لا يفضلون ممزاحة الرجال لهم بطريقة غير لبقة. خلال اللقاء الأول ينبغي للشخص أن يكون متحفظاً.

٧. الكثير من الألمان تعني لهم خصوصيّاتهم أهمية كبيرة، ولا يُراق لهم تدخّل الآخرين بها. لذلك ينبغي طرق الباب والإستئذان قبل الدخول. وكذلك عدم الجلوس بالقرب من الآخرين أو الوقوف أمام الآخرين، وكذلك عدم إجبار الآخرين على المحادثة الطويلة.

٨. بعض الألمان لديهم نوع خاص من المزاح، وقد يكون ذلك ساخراً جداً، لذلك ينبغي السؤال عن المعنى المقصود عند الإرتياب.

٩. بعض الألمان يعطون الإنطباع، بأن ليس لهم أي حس للدعابة. وليس من الضروري أن يكون هذا صحيحاً، فقد تكون شخصيتهم من النوع كثير التفكير أو الجديّ.

١٠. الكثير من الألمان يقولون ببساطة كل ما يفكرون به، ولا يحاولون تجميل كلامهم. وهذا قد يكون جارحاً في بعض الأحيان، ولكنه في الغالب غير مقصوداً.

## السكن والسيارة

١١. الكثير من الألمان يرجون ضيوفهم بخلع الحذاء قبل الدخول للداخل.

12. Wie viele andere Menschen lüften auch die Deutschen ihre Wohnungen sehr häufig – z. B. nach dem Aufstehen und vor dem Schlafengehen. Viele schlafen auch bei offenem Fenster, egal wie kalt oder laut es draußen ist. Beim Kochen machen sie ebenfalls das Fenster auf, um keinen Küchendunst entstehen zu lassen.

13. In den Toiletten wird benutztes Klopapier in die Kloschüssel geworfen, für Tampons und Binden gibt es meist einen extra Behälter. Händewaschen ist wichtig, um die Übetragung von Krankheitserregern zu vermeiden.

14. Auf Sauberkeit und Ordnung legen viele Deutsche Wert, vor allem in ihren eigenen vier Wänden. Auch für Treppenhäuser, Vorgärten, Wege und Bürgersteige gibt es in größeren Häusern Regeln, wer für die Sauberkeit zuständig ist.

15. Viele sind sparsam und umweltbewusst. Sie sehen nicht gerne, wenn irgendwo unnötig Licht brennt oder Wasser läuft.

16. In Deutschland wird mit Leidenschaft gegrillt, und zwar häufig Schweinefleisch. Wenn dazu Gäste eingeladen werden und die Gastgeber aufmerksam sind, besorgen sie andere Grillsachen für Gäste, die Vegetarier sind oder kein Schweinefleisch essen.

17. Manche Deutsche lieben ihre Autos und reagieren empfindlich, wenn sie befürchten, ihr Auto könnte schmutzig oder gar durch Kratzer oder Beulen beschädigt werden.

## Öffentliches Leben

18. Nachts, zwischen 22 und 6 Uhr, gilt das Ruhegebot. Auch sonntags herrscht Lärmverbot. Hier sollte man besser

١٢. الألمان يقومون بتهوية شققهم بشكل متكرر، مثلاً بعد الإستيقاظ من النوم، وقبل الذهاب إلى النوم. الكثير يترك النوافذ مفتوحة خلال النوم، حتى وإن كان الطقس بارداً، أو الصوت عالياً في الخارج. عند الطبخ تُفتح النوافذ بشكل كامل، في حالة عدم توفّر مراوح لشفط الهواء.

١٣. يتم رمي الأوراق الصحية المستخدمة في دورات المياه في المرحاض، أما حفاظات الأطفال والحفاظات النسائية فيتم رميها في أوعية نفايات خاصة. غسل اليدين بإستمرار مهم للحيلولة دون نقل الفيروسات ومسببات الأمراض.

١٤. النظافة والنظام مهمان جداً لكثير من الألمان، وخاصة في منازلهم. كذلك الأمر في مداخل البنايات وساحتها الأمامية أو في الشوارع وعلى الأرصفة، ولهذا يوجد قواعد خاصة ومواعيد للتنظيف ينبغي إتباعها.

١٥. الألمان شعب إقتصاديّ وواعي في أمور البيئة والمحافظة عليها. فعلى سبيل المثال ينزعج الألمان من الإسراف غير الضروريّ للماء أو الكهرباء.

١٦. يشوي الألمان اللحوم بشغف كبير جداً، في الأغلب لحوم الخنزير. إذا تلقى الشخص دعوة لحفلة شواء، وكان نباتياً أو لا يأكل لحم الخنزير، يُنصح بتنبيه العائلة أو الشخص الداعي، لأخذ الإحتياطات لتوفير أنواع أُخرى من اللحوم.

١٧. التعامل بحذر وحرص مع ممتلكات الغير شيء مرغوب و مطلوب. الشعب الألماني يُحِب مُمتلكاته الشخصية، وخاصة السيارات، ويُحب كذلك أيضا أن يتعامل الغير معها بحذر. فعلى سبيل المثال ينبغي توخي الحذر عن إستخدام سيارات الغير، والحفاظ عليها من الأضرار.

## الحياة اليومية

١٨. في ألمانيا يسري ما يُسمى بقانون أوقات الهدوء، وهي الأوقات مابين الساعة العاشرة مساءً والسادسة صباحاً، بالإضافة إلى أيام الأحد

keinen Krach machen, der über Zimmerlautstärke hinausgeht.

19. Rauchen ist in Deutschland in öffentlichen Gebäuden, auf Bahnsteigen und in den meisten Restaurants verboten. Es gibt jedoch spezielle Lokale für Raucher.

20. Alkohol trinken ist im Freien nicht gern gesehen oder sogar verboten. Außer an Silvester und bei besonderen Feierlichkeiten.

21. Beim Einkaufen oder z.B. am Schalter einer Bank stehen die Kunden meist in einer Schlange an. Wer zuerst kommt, ist zuerst dran. Vordrängeln wird nicht toleriert. Ausnahmen gelten nur für Schwangere, ältere Menschen, Behinderte oder Kinder.

22. Schwangere, ältere Menschen und Behinderte haben auch ein Vorrecht auf einen Sitzplatz in Bus oder Bahn. Man steht für sie auf und bietet ihnen seinen Platz an.

23. Auch wenn es jüngere Menschen in Deutschland gerne tun, sollte man an öffentlichen Orten die Füße nicht auf den Sitz legen. Auch nicht, wenn man die Schuhe vorher auszieht. Das empfinden viele als störend. Teilweise – z.B. in Bus und Bahn – gilt das sogar als Ordnungswidrigkeit und wird mit einer Geldbuße bestraft.

24. Lautes Reden, Musikhören und Telefonieren in der Öffentlichkeit, vor allem in geschlossenen Räumen, stört andere Leute.

25. Wenn man eine Frage hat oder Hilfe braucht, kann man jederzeit die Umstehenden ansprechen. Bei Kindern sollte man allerdings zurückhaltender sein – viele Eltern ha-

والعطل الدينية كيوم الجمعة الحزينة. لذلك ينبغي في هذه الأوقات إلتزام الهدوء وتجنب إصدار الأصوات العالية.

١٩. في ألمانيا يمنع التدخين في الأماكن التالية: -المباني العامة -أرصفة المحطات -وفي أغلب المطاعم إلا أنه توجد أماكن ومحلات خاصة للمدخنين.

٢٠. تناول المشروبات الروحية في محطات القطارات أو في الشوارع أو الأماكن العامة الأخرى أمر منبوذ في المجتمع الألماني، إلّا في ليلة رأس السنة أوالإحتفلات والمهرجانات الكبيرة.

٢١. مفهوم النظام لدى الألمان تجده في صور شتى. ففي مراكز التسوق أو البنوك المكتظة يقف الجميع في صفوف منظمة، ينتظر فيها كل فرد دوره حتي يتم خدمته، فمن المتعار ف عليه أنَّ الأولوية لمن يأتي أولا. ويستثنى من هذه القاعدة الحوامل وكبار السن وذوي الإحتياجات الخاص والأطفال، فهؤلاء يُعاملون معاملة أخرى.

٢٢. إحترام كبار السن، والحوامل، وذوي الإحتياجات الخاصة من الناس أمرٌ مطلوب وشائع في ألمانيا. فهؤلاء لهم دائماً حق الأولوية في الحصول مثلاً على مقعد في الباص أو القطار، ولذلك على الأخرين إخلاء أماكن لهم في وسائل الموصلات، والتي غالباً ما تكون مكتظة بالركاب.

٢٣. ينبغي للشخص في الأماكن العامة مُراعات بعض القواعد العامة، التي قد تُعتبر للكثير من الناس شيئاً بديهياً. فمثلاً وضع القدمين على المقعد، بغض النظر إذا خلع الشخص حذائُه أم لا، يُعد أمراً غير لائق ومزعج للآخرين. ويُعتبر مثل هذا الأمر في وسائل الموصلات العامة مخالفة قانونية يترتب عليها غرامة مالية.

٢٤. من الأشياء التي يجب مراعاتها أيضاً، أنَّ الكلام بصوت عالٍ في الأماكن العامة أو المغلقة من الأمور التي تُزعج راحة الآخرين، ولذلك ينبغي محاولة تجنُّبه. هذا ينطبق أيضاً على سماع الموسيقى أو إجراء المكالمات الهاتفية بصوت مرتفع.

٢٥. من الصفات الحسنة لدى عامة الشعب الألماني، أنَّهم يُحبون مساعدة الغير. فمثلاً عندما يكون الشخص في مكان عام ويُريد الإستفسار عن شيء ما، فإنه يستطيع سؤال الآخرين المُتواجدين في

ben Angst um ihre Kinder und sehen es grundsätzlich nicht gern, wenn sie von fremden Leuten angesprochen werden.

26. Essen, Grillen oder Feiern an öffentlichen Orten wie Parks und Plätzen ist nur sehr eingeschränkt erlaubt.

27. Bei roten Ampeln müssen Fußgänger stehen bleiben, auch wenn weit und breit kein herannahendes Auto zu sehen ist. Auch Radfahrer müssen sich an die Verkehrsregeln halten und dürfen z.B. nicht auf dem Bürgersteig fahren.

28. Paare – und zwar heterosexuelle wie gleichgeschlechtliche – liebkosen und küssen sich in Deutschland auch auf der Straße. Das ist nicht anstößig, sondern normal.

29. Viele Mädchen und Frauen sind im Sommer nur leicht bekleidet. Auch das ist normal.

30. Öffentliches Urinieren an Bäumen oder Häusern ist eine Ordnungswidrigkeit und wird je nach Kommune teuer bestraft. Das hält aber vor allem abends und nachts viele Männer nicht davon ab. An manchen größeren Plätzen gibt es öffentliche WCs, ebenso wie sich an Bahnhöfen kostenpflichtige Toiletten und in großen Geschäften Kundentoiletten befinden. Wer in einem Lokal die Toilette aufsuchen möchte, muss meist etwas verzehren oder höflich fragen.

## Amtliches

31. Fast in allen deutschen Städten wird der Müll streng getrennt, sowohl der Hausmüll als auch der Müll in der Öffentlichkeit. Grundsätzlich wirft niemand Abfall auf die Straße oder den Rasen, teils muss man hier sogar ein Bußgeld zahlen, wenn man es dennoch macht. Fast überall gibt es Papierkörbe oder Abfallbehälter, in denen man seinen

الجوار. بالمقابل يُستحسن عدم سؤال الأطفال الصغار، فالكثير من الألمان لا يعتبرون تحدُث الغُرباء مع أطفالهم أمراً جيداً.

٢٦. الطعام والشوي والإحتفال في الأماكن العامة مسموح به، ولكن بشكل مقيد.

٢٧. الإلتزام بقواعد المرور شيءٌ إلزامي في ألمانيا، سواءً للمشاة أو لقائدي المركبات. فعلى سبيل المثال، يجب على المُشاة عند القيام بعبور الشارع التوقف عند إشارات المرور الحمراء، حتى ولو كان الشارع خالياً تماماً، ويُمنع من ناحية أُخرى على سائقي الدراجات السير على أرصفة المشاة.

٢٨. إنه من الطبيعي في المجتمع الألماني والغربي بشكل عام، معانقة وتقبيل الأزواج لبعضهم البعض في الشوارع والأماكن العامة، سواءً كانوا من ذُوي الميول الجنسية الطبيعية أو من المثليين، ما قد يكون عند شعوب أُخرى نوعاً من عدم الإحترام.

٢٩. الكثير من النساء والفتيات يلبسن في الصيف ملابس خفيفة، وهذا يُعد أمراً طبيعياً.

٣٠. التبول على الأشجار وعلى جدران المنازل والأماكن العامة يُعد مخالفة للنظام العام، ويترتب عليه غرامة مالية، وقد تكون الغرامة كبيرة في بعض البلديات. في جميع الأماكن العامة، وبالأخص في محطات القطارات والأسواق العامة، توجد دورات المياه للعامة. تتوفر دورات المياه في أغلب المحلات التجارية، ولكنها ليست للعامة، وإنما لزبائنها. إذا أضطر المرء لإستخدامها، فلا بُدّ من شراء شيءٍ ما من تلك المحلات، أو طلب إستخدام الحمام من البائع بشكل لبق.

## الرسميات

٣١. حفاظاً على البيئة، وتسهيلاً لعملية إعادة تدوير الفضلات، يفصل المواطنون الألمان القمامة، سواء المنزلية منها، أو في الأماكن العامة. ويتم التركيز على هذه القضية والتنويه لها بإستمرار. لا تُلقى الفضلات في الطرقات أو في الحدائق أبداً، حتى أنَّ ذلك يُعد مخالفاً للنظام، ويترتب عليه غرامة مالية في بعض الحالات. لذلك يجد الفرد في كل الأماكن العامة سلّات لرمي القمامة الورقية، وأُخرى مخصصة

Müll entsorgen kann. Glas kommt in den Glascontainer, Papier in die Papiertonne, Kunststoff wie Verpackungen, Joghurtbecher etc. sowie alles mit dem Grünen Punkt in den gelben Sack oder die gelbe Tonne. Biomüll (Obst-, Gemüse- und Fleischabfälle) gehört in die braune Tonne. Der Rest ist für die Restmülltonne. Pfandflaschen aus Glas oder Plastik kann man im Supermarkt gegen Geld eintauschen. Für gebrauchte, noch verwendbare Kleidung gibt es spezielle Altkleidercontainer. Gleiches betrifft Batterien, Sondermüll und Elektroschrott; hierfür muss man allerdings in manchen Fällen extra zur Mülldeponie fahren oder kann den Sperrmüll bestellen.

32. Deutschland ist für seine gründliche Verwaltung bekannt. Sehr oft müssen Formulare ausgefüllt werden. Das kann lästig sein, ist aber unumgänglich für eine gerechte und verlässliche Verteilung von Leistungen und Pflichten.

33. Briefe von offizieller Seite sollte man immer lesen oder sich ggf. übersetzen lassen. Häufig sind hier Fristen zu wahren. Wenn man diese versäumt, verliert man Ansprüche oder muss möglicherweise ein Bußgeld zahlen.

Wichtige Links

**Weitere Tipps zum Alltag** / للمزيد من المعلومات عن الحياة اليومية
http://www.refugeeguide.de GB F ع

للفضلات. يتم التخلص من الأوعية الزجاجية في حاويات مخصصة لذلك. وكذلك الورق يوجد له حاويات خاصة. كذلك الأمر بالنسبة إلى الأوعية والمواد البلاستيكية، وكل ما يحمل إشارة النقطة الخضراء، كل ذلك يُوضع في الحاويات الصفراء، وهنالك أيضاً حاويات خاصة لفضلات الطعام وما شابه ذلك. قوارير المياه والعصير، وما شابه ذلك، زجاجية كانت أم بلاستيكية، يتم على الأغلب إعادة تدويرها، لذلك يتم إرجاعها إلى محلات مواد التموين، وإستبدالها بنقود. الملابس القديمة والصالحة للإستخدام يتم التخلص منها في الحاويات المخصصة لذلك. البطاريات، والنفايات الخطرة، والأجهزة الإلكترونية، وما شابه ذلك من مخلفات كبيرة، تُجلب إلى أماكن طمر النفايات، المنتشرة في المدن والنواحي. من الممكن أيضاً في بعض الحالات طلب حاوية كبيرة من الجهات المسؤولة عن جمع النفايات، للتخلص من النفايات الكبيرة أو قطع الأثاث.

٣٢. ألمانيا بلد معروف بالدقة في المعاملات. فكثيراً ما يحتاج الشخص إلى ملئ الإستمارات. قد يكون هذا الشيء مزعجاً، ولكنه أمر لا بد منه، لتوزيع عادل وأمين للخدمات.

٣٣. يُنصح بقراءة كل الرسائل من الجهات الرسمية، أو ترجمتها عند الضرورة. أكثر الرسائل من الجهات الرسمية تحتوي بالعادة على مواعيد مُحددة، ومن المهم جداٍ الإلتزام بتلك المواعيد، حتى يتجنب الفرد خسارة حق مُعيَن مُرتبط بهذه المواعيد، أو الوقوع في مشاكل يترتب عليها في بعض الحالات دفع غرامة مالية.

---

روابط مهمة

---

# Basisvokabular für Flüchtlinge
# قائمة كلمات و جمل أساسية للحياة اليومية

| | |
|---|---|
| Guten Tag / Guten Morgen / Guten Abend / Gute Nacht! | نهار أسعيداً / صباحاً سعيداً / مساءً سعيداً / ليلة سعيدة |
| Auf Wiedersehen! | إلى اللقاء |
| Tschüss! | وداعاً |
| Danke/Herzlichen Dank. | شكراً / شكراً جزيلاً |
| Bitte. | عفواً |
| Viel Glück! | حظاً وفيراً |
| Wie geht es dir / Ihnen? | كيف حالك؟ |
| Ich heiße … | أنا إسمي … |
| Entschuldigung/Entschuldigen Sie bitte! | عذراً / لو سمحت |
| Haben Sie …? | هل عندك…؟ |
| Ich bin … | أنا أكون … |
| Ich komme aus … | أنا أصلي من … |
| Ich bin … Jahre alt. | أنا عمري … |
| 1 eins, 2 zwei, 3 drei, 4 vier, 5 fünf, 6 sechs, 7 sieben, 8 acht, 9 neun, 10 zehn. | الأعداد بالألمانية: ١ آينس / ٢ تسفاي / ٣ دراي / ٤ فيير / ٥ فونف / ٦ زِكس / ٧ زيبن / ٨ أَخْت / ٩ نوين / ١٠ تسين |
| Wie spät ist es? | كم الساعة الآن؟ |
| Guten Appetit! | شهية طيبة / صحّة وعافية |
| Prost! | في صحتك |
| Ich habe Hunger/Ich habe Durst. | أنا جائع / أنا عطشان |
| Mir ist kalt./Mir ist warm. | أشعر بالبرد / أشعر بالحرّ |
| Ich freue mich. | أسعدني ذلك |
| Ich habe Angst. | أنا خائف |
| Ich brauche Hilfe. | أحتاج إلى مساعدة |
| Ich brauche einen Arzt. | أحتاج إلى طبيب |

| | |
|---|---|
| Mir ist schlecht. | أشعر بالتعب |
| Ich habe Fieber. | حرارتي مُرتفعة |
| Ich habe Schmerzen. | أشعر بالألم |
| Ich bin krank. | أنا مريض |
| Ich bin schwanger. | أنا حامل |
| Ich bin vergewaltigt worden. | .لقد تم إغتصابي |
| Ich bin allergisch gegen … | عندي حساسية ضد … |
| (Die) Erkältung | الإنفلونزا |
| (Der) Durchfall | الإسهال |
| Das ist … | هذا … |
| (Mein) Mann / (Meine) Frau / (Meine) Kinder / (Mein) Vater / (Meine) Mutter / (Mein) Freund / (Meine) Geschwister | زوجي / زوجتي / أطفالي / أبي / أُمي / صديقي / إخوتي |
| (Die) Damenbinde | حفاظات نسائية |
| (Die) Windel | حفاظات أطفال |
| (Die) Familie | العائلة |
| (Das) Wasser | الماء |
| Wo ist die Toilette? | أين دورة المياه؟ |
| Wo ist die Dusche? | أين مكان الإستحمام؟ |
| Wo kann ich … kaufen? | أين أستطيع شراء …؟ |
| Wie viel kostet…? | كم ثمن هذا؟ |
| Ich habe kein Geld. | لا يوجد لدي نقود |
| Wo kann ich Geld wechseln? | أين أستطيع إستبدال العملة؟ |
| Wo kann ich … finden? | أين أجد …؟ |
| (Das) Postamt | مكتب البريد |
| (Der) Briefkasten | صندوق البريد |
| Wo kann ich beten? | أين يمكنني الصلاة؟ |
| Ich muss schlafen. | يجب عليَ النوم |
| Ich muss telefonieren. | يجب عليَ إجراء مكالمة هاتفية |

| | |
|---|---|
| Ich brauche… | أحتاج إلى ... |
| Ich weiß nicht. | لا أعرف |
| Ich verstehe das nicht. | لا أفهم |
| Ich spreche nicht so gut Deutsch. | لا أجيد اللغة الألمانية |
| Können Sie das für mich aufschreiben? | هل تستطيع كتابة هذا لي؟ |
| Könnten Sie etwas langsamer sprechen? | هلّا تكلمت ببطء؟ |
| Könnten Sie das wiederholen? | هل تستطيع إعادة كلامك؟ |
| Wie heißt das auf Deutsch? | ما إسم هذا الشيء بالألماني؟ |
| (Die) Adresse | العنوان |
| Wo ist die Erstaufnahmestelle? | أين مركز إيواء اللّاجئين؟ |
| Wo ist das Zimmer Nummer …? | أين الغرفة رقم ...؟ |
| Montag, Dienstag, Mittwoch, Donnerstag, Freitag, Samstag, Sonntag | الإثنين / الثلاثاء / الأربعاء / الخميس / الجمعة / السبت / الأحد |
| Sie müssen warten. | يجب عليك الإنتظار |
| Wie lange müssen wir warten? | كم من الوقت يجب أنْ ننتظر؟ |
| Ich hätte gerne einen Termin. | أحتاج إلى موعد |
| Eine Minute | دقيقة |
| Eine Stunde | ساعة واحدة |
| Ein Tag | يوم واحد |
| Eine Woche | إسبوع واحد |
| Ein Monat | شهر واحد |
| Morgen/Übermorgen | غداً / بعد غدٍ |
| Gestern | الأمس |
| (Das) Frühstück | الفطور |
| (Das) Mittagessen | الغداء |
| (Das) Abendessen | العشاء |
| Ist das Essen Halal? | هل هذا الطعام حلال؟ |

| | |
|---|---|
| Ich esse kein Schweinefleisch. | لا آكل لحم الخنزير |
| Ich trinke keinen Alkohol. | لا أشرب المشروبات الكحولية |
| (Das) Brot | خُبز |
| (Der) Kaffee | قهوة |
| (Das) Hemd | قميص |
| (Die) Hose | بِنطال |
| (Die) Schuhe | حِذاء |
| (Die) Socken | جوارب |
| (Die) Unterwäsche | ألبسة داخلية |
| (Der) Schleier / (Das) Kopftuch | غطاء الرأس |
| (Die) Uhr | ساعة |
| (Das) Bett | سرير |
| (Die) Zahnbürste | فُرشاة أسنان |
| (Die) Seife | صابون |
| (Das) Buch | كِتاب |
| (Die) Zeitung | جريدة |
| (Das) Auto | سيارة |
| (Die) Schule | مدرسة |
| (Der) Polizist / (Die) Polizistin | شُرطي / شُرطية |
| (Der) Betreuer / (Die) Betreuerin | مُشرف |
| Norden | شمال |
| Süden | جنوب |
| Osten | شرق |
| Westen | غرب |

## Die Autoren

Rocco Thiede arbeitet als Autor und Fotograf. Zuvor war er bei der WELT, bei SAT.1 und bei der Bertelsmann-Stiftung tätig. Er hat bereits mehrere Bücher zu gesellschaftlichen Themen herausgegeben, zuletzt „Anonyme Bewerbung – Chance für alle“ (Herder, 2013) und „Kinderglück – Leben in großen Familien“ (Bundeszentrale für politische Bildung, 2014). Mehr Infos unter www.roccothiede.de

Susanne Van Volxem arbeitet als Übersetzerin, Lektorin und Autorin. Sie hat u.a. unter Pseudonym historische Romane veröffentlicht und an dem Spiegel-Beststeller „Gefangen in Deutschland. Wie mich mein türkischer Freund in eine islamische Parallelwelt entführte“ (MVG, 2011) mitgewirkt. Außerdem hat sie zwei Beiträge in Rocco Thiedes o.g. Büchern verfasst.

## Die Übersetzer

Ali Hamdan, ein Palästinenser, ist in Kuwait geboren und hat seine Jugend in Jordanien verbracht. Er lebt seit zehn Jahren in Deutschland, wo er zur Zeit sein Masterstudium in der islamischen Theologie an der WWU Münster absolviert.

Munzir Mohamed ist in Khartum, der Hauptstadt Sudans, geboren. Unmittelbar danach wanderte er mit seiner Familie wegen des Bürgerkriegs und der kritischen politischen Lage im Sudan nach Saudi-Arabien aus. Er lebt seit gut zehn Jahren in Deutschland und befindet sich gerade in den letzten Zügen seines Informatikstudiums an der WWU Münster.

# المؤلِفون

روكو تيدى مؤلِف ومصور فوتوغرافي. عَمِل سابقاً لدى صحيفة العالم »دي ڤيلت«، إحدى الصحف الألمانية. كما عَمِل للقناة التلفزيونية الألمانية الخاصة »زات آينس« ولمؤسسة بيرتلسمان. قام السيد تيدى بنشر العديد من الكتب، التي تهتم بالمواضيع الإجتماعية، آخرها كتاب »طلب مجهول الهوية - فُرص للجميع« (هيردر/٢٠١٣)، وكتاب »سعادة الأطفال - الحياة في الأسر الكبيرة« (الوكالة الأتحادية للتربية المدنية/٢٠١٤). لمعرفة المزيد من أعماله: www.roccothiede.de

سوزانه فان فولكسيم تعمل مُترجِمة ومُحاضِرة، وهي أيضاً مؤلِفة، وقامت بنشر العديد من الرويات التاريخية تحت إسم مستعار. ساهمت السيدة فان فولكسيم في نشر الرواية التي حمَلت إسم »سجين في ألمانيا - كيف إختطفني صديقي التركي إلى عالَم إسلامي مجهول« والتي حققت مبيعات عالية (MVG/٢٠١١). بالإضافة إلى ذلك كتبت السيدة فان فولكسيم مقالين في كُتب روكو تيدى المذكور أعلاه.

# المترجمون

علي حمدان، شاب فلسطيني ولِد في الكويت وعاش مراحل حياته الأولى في الأردن. يقيم علي حمدان منذ عشرة أعوام في ألمانيا، وهو طالب ماجستير في علوم الشريعة الإسلاميّة في جامعة مونستر.

منذر محمد، ولِد في العاصمة السودانية الخرطوم، التي غادرها في سن الطفولة مع عائلته إلى الأراضي السعودية بسبب الحرب الأهلية والأوضاع السياسية السيئة. منذر يعيش في ألمانيا منذ ما يقارب العشر سنوات، حيث يدرس هندسة الكومبيوتر في المراحل الأخيرة في جامعة مونستر.